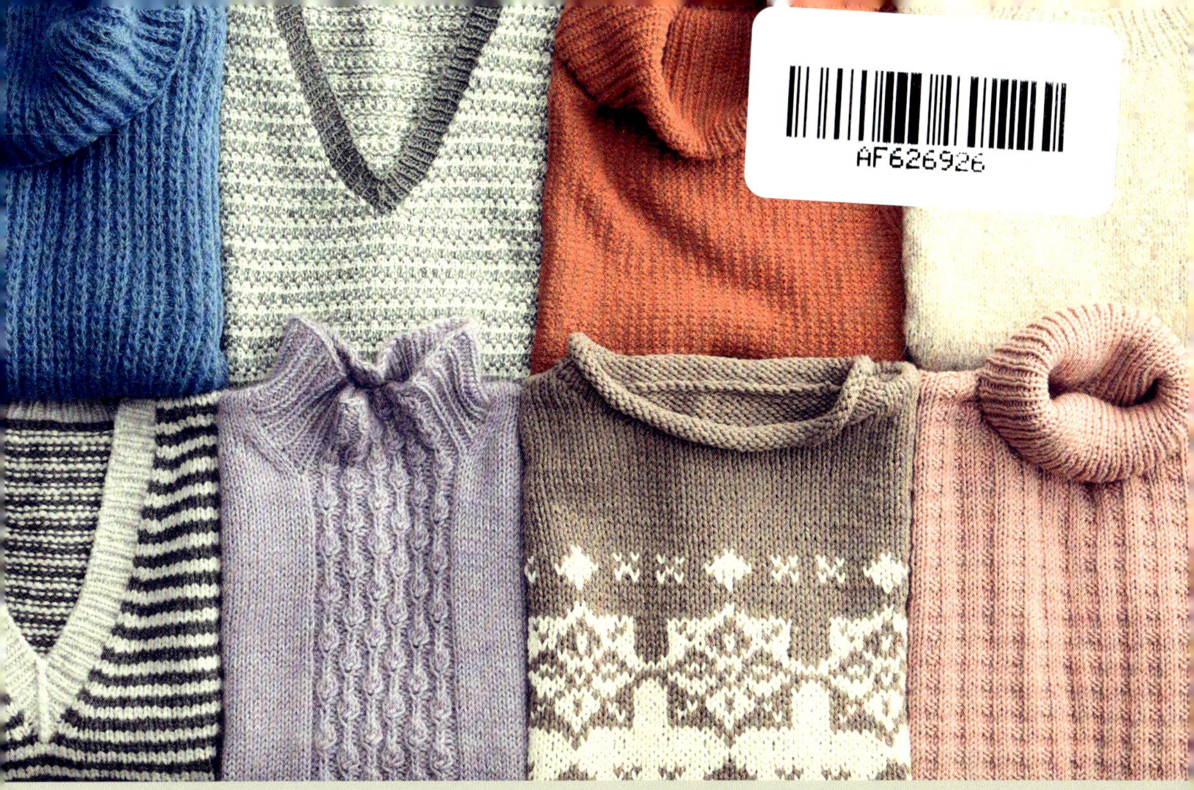

Dieses Buch ist garantiert nichts für Spießer! Der Pullunder erlebt gerade sein angesagtes Fashion-Comeback! Statt kratziger Pullover ohne Ärmel für den sonntäglichen Besuch bei Oma gibt es nun richtig schicke neue Designs, die aus hochwertigen Garnen und mit tollen Mustern gestrickt werden. Als coole Slipover werden sie zum echten Highlight bei jedem Outfit und lassen das Herz vieler Stricker:Innen höherschlagen.

Ob edel mit Zopfmuster, verträumt mit kleiner Stickerei, casual als Side-Split-Slipover, cool mit Strukturmustern oder mit farblichen Akzenten mit Fair-Isle, Blockstreifen oder Hebemaschenmuster – hier findet jeder sein neues Lieblingsteil. Und in den Größen 36-50 findet jeder seine Wohlfühlgröße.

Also nichts wie losgestrickt und sich über das nächste Lieblingsprojekt freuen!

SQUARED DUSKY PINK

starkes Strukturmuster mit Rollkragen

GRÖSSEN

36/38, 40/42, 44/46, 48/50

Die Angaben für die einzelnen Größen stehen im Folgenden hintereinander, jeweils durch Schrägstriche getrennt. Steht nur eine Angabe, gilt diese für alle Größen.

Brustumfang inkl. Mehrweite: 100/110/120/130 cm

Gesamtlänge: 57/58/59/60 cm

MATERIAL

- BC Garn Semilla grosso (LL 80 m/50 g) in Altrosa (Fb 07), 450/500/550/600 g
- Rundstricknadeln 4,5 mm, 40 cm und 80 cm lang
- Wollnadel ohne Spitze

MASCHENPROBE

Im Strukturmuster mit Nd 4,5 mm
17 M und 26 R
= 10 cm x 10 cm

RIPPENMUSTER

In den Hinr 1 M rechts, 1 M links im Wechsel str.
In den Rückr alle M str, wie sie erscheinen.

STRUKTURMUSTER

M-Zahl teilbar durch 4 + 2.
1. R: Rechte M str.
2. R: 2 M rechts, * 2 M links, 2 M rechts, ab * fortlaufend wdh.
3. R: 2 M links, * 2 M rechts, 2 M links, ab * fortlaufend wdh.
4. R: Linke M str.
Die 1.-4. R fortlaufend wdh.

ANLEITUNG

RÜCKENTEIL

Mit der längeren Rundstricknd 86/94/102/110 M anschl und für den Bund 5 cm (= 12 R) im Rippenmuster str. Anschließend im Strukturmuster weiterstr.
Nach 22 cm (= 58 R) ab Bund in folgender Einteilung weiterarb: 3 M Rippenmuster, im Strukturmuster weiterstr bis 3 M vor R-Ende, 3 M Rippenmuster.
Nach 52/53/54/55 cm (= 136/138/140/142 R) ab Bund alle M abk.

Vorderteil

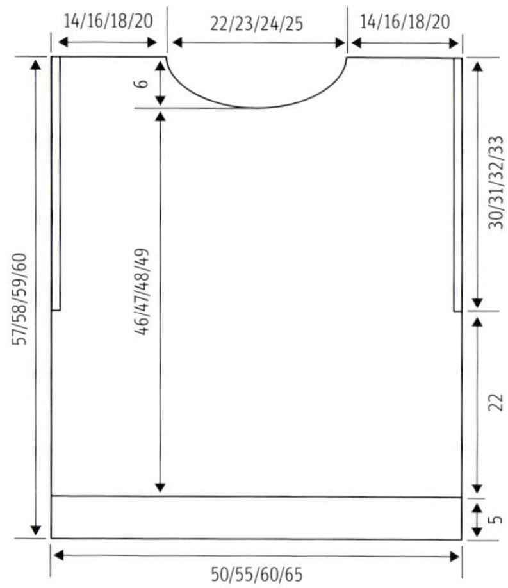

Rückenteil

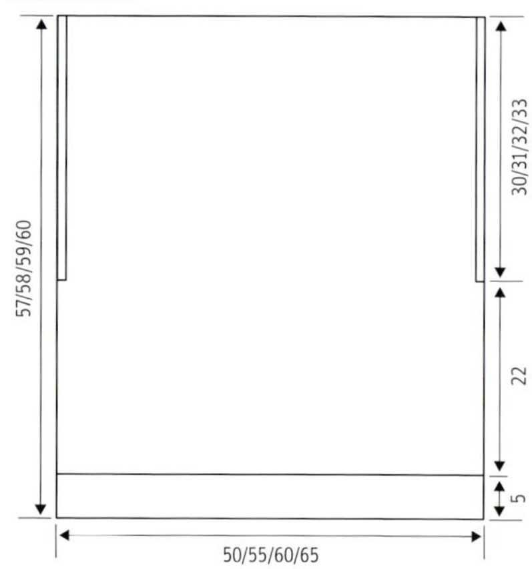

Alle Angaben in cm.

... weiter geht es auf Seite 4

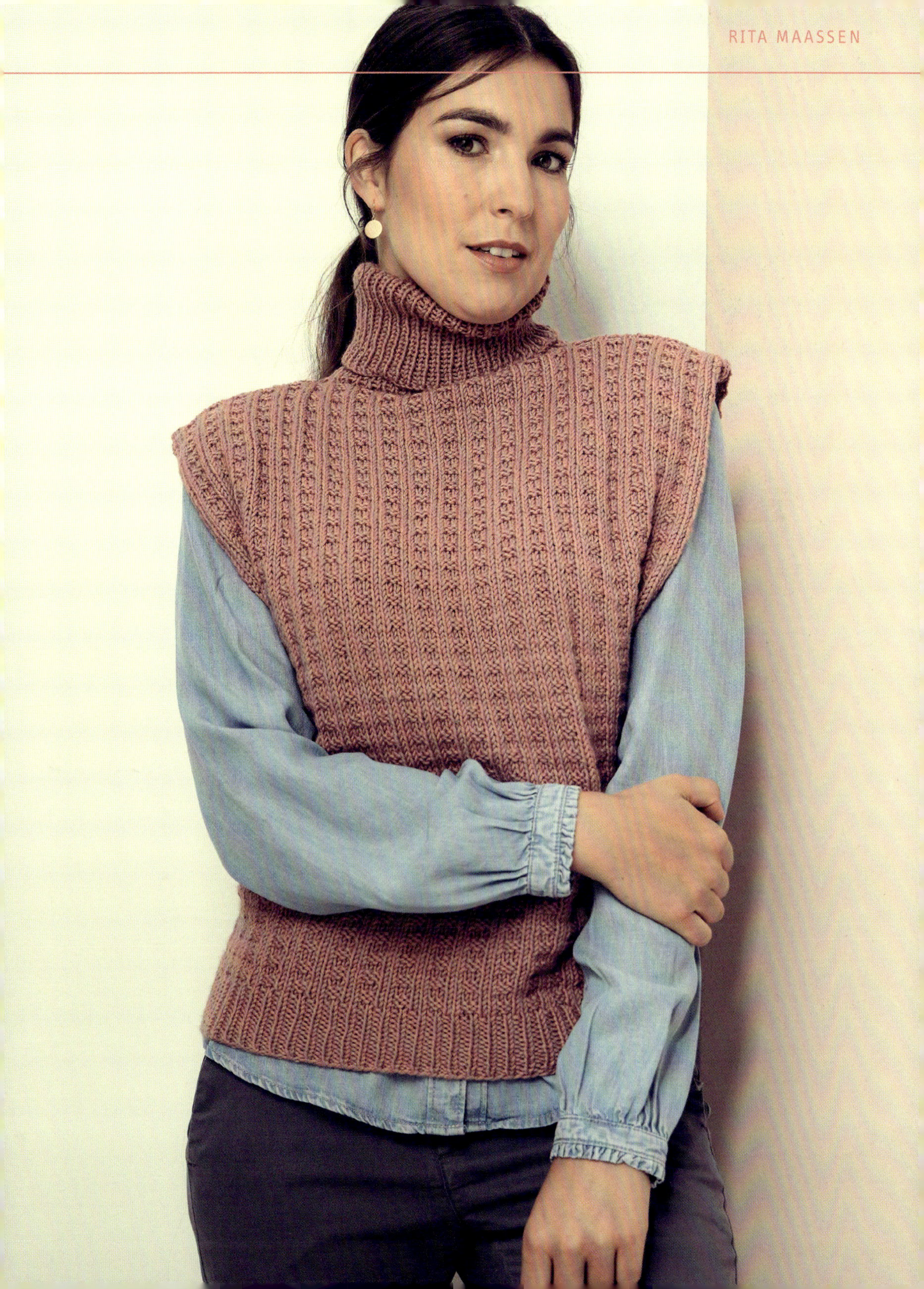

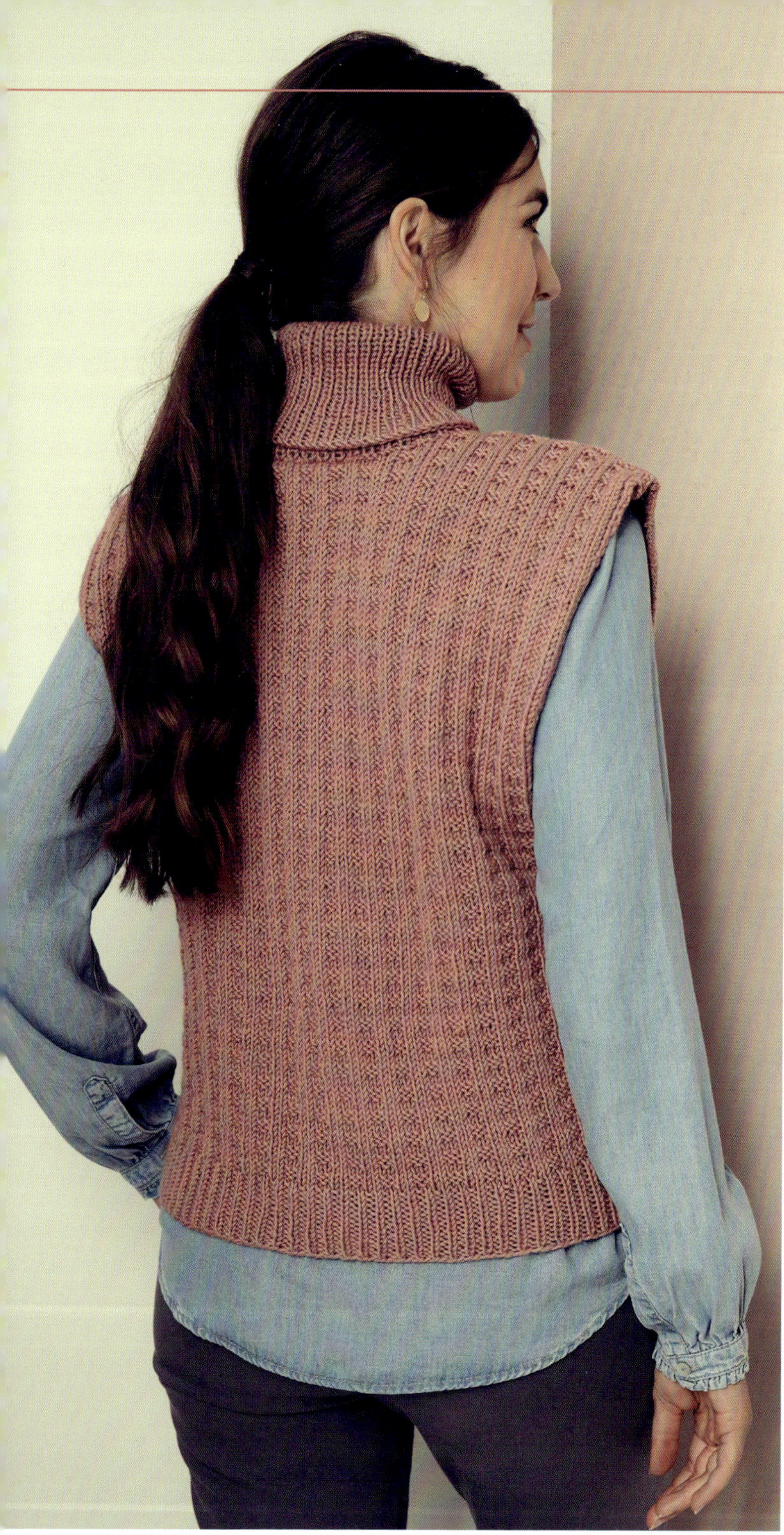

VORDERTEIL

Wie das Rückenteil str, jedoch mit Halsausschnitt. Dafür nach 46/47/48/49 cm (= 120/122/124/126 R) ab Bund die mittleren 16/18/20/22 M abk und beide Seiten getrennt weiterstr. Für die Ausschnittrundung am inneren Rand in jeder 2. R noch 1x 3 M, 2x 2 M und 4x 1 M abk.
Nach 52/53/54/55 cm (= 136/138/140/142 R) ab Bund die restlichen je 24/27/30/33 Schulter-M abk.

FERTIGSTELLEN

Die Teile auf die angegebenen Maße spannen, anfeuchten und trocknen lassen. Schulternähte schließen. Die Seitennähte schließen, dabei den oberen Teil ab Beginn des Rippenmusters für die Armausschnitte offen lassen. Für den Rollkragen mit der kürzeren Rundstricknd aus dem Halsausschnitt 82/86/90/94 M auffassen, zur Rd schließen und 20 cm (= 52 Rd) im Rippenmuster str. Alle M abk. Alle Fäden vernähen.

DEEP BLUE RIBBON

Side-Split-Slipover mit Rollkragen zum seitlichen Binden

GRÖSSEN

36-40/42-46/48-52

Die Angaben für die einzelnen Größen stehen hintereinander, jeweils durch Schrägstriche getrennt. Steht nur eine Angabe, gilt diese für alle Größen.

Brustumfang ohne Mehrweite:
82-91/96-106/110-122 cm
Für Größe 42-46 sind ca. 6 cm Mehrweite eingerechnet, für Größe 48-52 ca. 10 cm.

Gesamtlänge: 60/61,5/63 cm

MATERIAL

- Lana Grossa Baby Light (LL ca. 180 m/50 g) in Blau (Fb 06), 300/350/400 g
- Rundstricknadel 5,0-5,5 mm, 80-100 cm lang
- Rundstricknadel 5,0-5,5 mm, 50-60 cm lang, oder mehrere Nadelspielnadeln in der gleichen Stärke (für den Rollkragen)
- 2 Nadelspielnadeln 5,0–5,5 mm (für die Strickkordel)
- 2 Maschenmarkierer
- Wollnadel ohne Spitze

MASCHENPROBE

Im Halbpatent mit Nd 5,0-5,5 mm ca. 17 M und 32-34 R = 10 cm x 10 cm

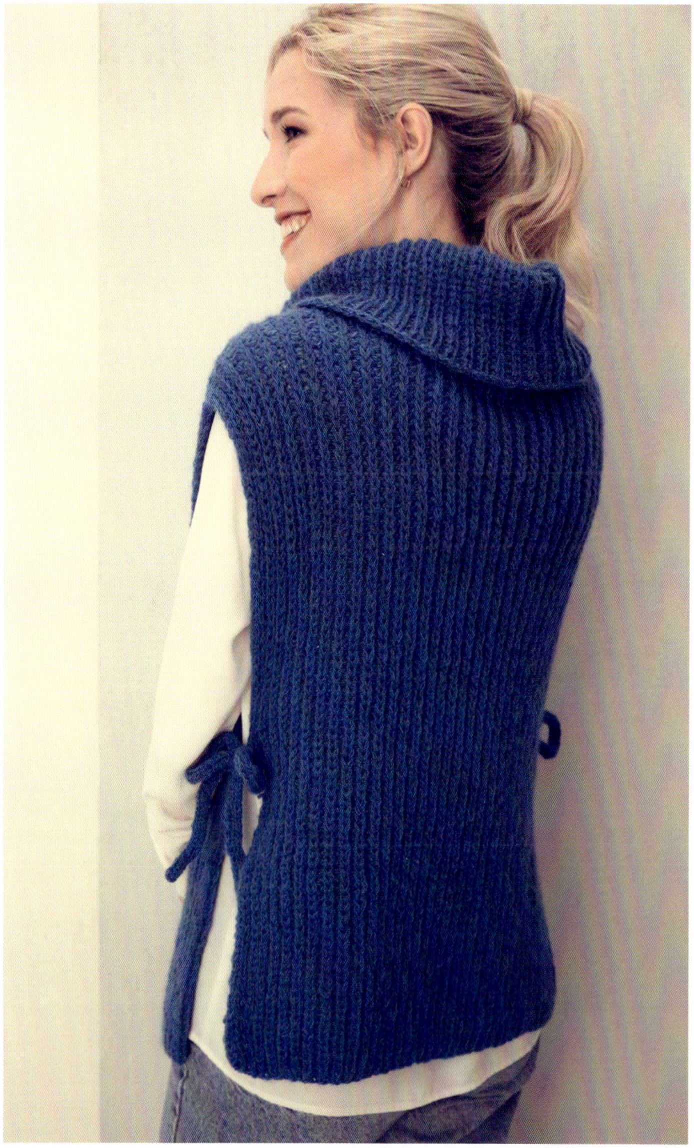

... weiter geht es auf Seite 6

HALBPATENT IN REIHEN

Ungerade M-Zahl + 2x 3 Rdm.
Es sind alle M inklusive Rdm beschrieben. Die Rdm werden als Patentrand beidseitig über je 3 M gestrickt.

Hinr: 3 M Patentrand (= 1 M rechts, 1 M wie zum Linksstr abheben, dabei den Faden vor der M weiterführen, 1 M rechts), * 1 M links, 1 M zusammen mit 1 U wie zum Linksstr abheben, ab* fortlaufend wdh, enden mit 1 M links und 3 M Patentrand (= 1 M rechts, 1 M wie zum Linksstr abheben, dabei den Faden vor der M weiterführen, 1 M rechts).

Rückr: 3 M Patentrand (= 1 M wie zum Linksstr abheben, dabei den Faden vor der M weiterführen, 1 M rechts, 1 M wie zum Linksstr abheben, dabei den Faden vor der M weiterführen), * 1 M rechts, 1 M mit 1 U links zusammenstr, ab* fortlaufend wdh, enden mit 1 M rechts, 3 M Patentrand (= 1 M wie zum Linksstr abheben, dabei den Faden vor der M weiterführen, 1 M rechts str, 1 M wie zum Linksstr abheben, dabei den Faden vor der M weiterführen).
Diese beiden R fortlaufend wdh.

MEIN TIPP FÜR SIE

Besonders übersichtlich Setzen Sie vor und nach den 3 Patentmaschen jeweils einen Maschenmarkierer, um den Musterwechsel zu kennzeichnen. Dafür einfach einen Maschenmarkierer an der entsprechenden Stelle auf die Stricknadel fädeln, den Markierer in jeder Reihe beibehalten und an der entsprechenden Stelle von der linken Stricknadel ungestrickt auf die rechte überheben.

STUFENLOSES ABKETTEN FÜR SCHRÄGE KANTEN

In der R vor der geplanten Abnahme bis 1 M vor der letzten M str, wenden. Die ungestrickte M befindet sich nach dem Wenden auf der rechten Nd, die folgende M der linken Nd nun ebenfalls ungestrickt abheben. Dann die 1. M der rechten Nd von rechts nach links über die 2. M ziehen (= 1 M abgekettet). Falls weitere M abgekettet werden sollen, die nächste M str und die 1. M der rechten Nd von rechts nach links über die 2. M ziehen, diesen Vorgang so oft wdh, bis die gewünschte M-Zahl abgekettet ist. Die restlichen M der R wie gewohnt str.

HALBPATENT IN RUNDEN

Gerade M-Zahl. Rd-Beginn mit einem M-Markierer kennzeichnen.

1. Rd: * 1 M rechts, 1 M zusammen mit 1 U wie zum Linksstr abheben, ab* fortlaufend wdh.

2. Rd: * 1 M rechts, 1 M mit 1 U links zusammenstr, ab* fortlaufend wdh.
Die 1. und 2. Rd fortlaufend wdh.

ANLEITUNG

RÜCKENTEIL

Dafür 81/99/115 M (= 46/56/66 cm) anschl und danach die 1. Rückr nach dem Anschlag wie folgt str: 3 M Patentrand (= 1 M wie zum Linksstr abheben, dabei den Faden vor der M weiterführen, 1 M rechts str, 1 M wie zum Linksstr abheben, dabei den Faden vor der M weiterführen), * 1 M rechts, 1 M links, ab* fortlaufend wdh, enden mit 1 M rechts, 3 M Patentrand (= 1 M wie zum Linksstr abheben, dabei den Faden vor der M weiterführen, 1 M rechts str, 1 M wie zum Linksstr abheben, dabei den Faden vor der M weiterführen).
Anschließend im Halbpatent in R wie angegeben weiterarb.

Hinweis: Größe 36-40 und 42-46 werden gerade, ohne Armausschnitt bis zur Schulterschräge gestrickt.

Nur für Größe 48-52: In 24 cm Höhe für die Armausschnitte in der 1. Hinr beidseitig jeweils 2 M abnehmen: Am R-Anfang nach den 3 M Patentrand 3 M links zusammenstr. Am R-Ende bis zu den letzten 6 M str, 3 M links verschränkt zusammenstr und noch 3 M Patentrand str (= 111 M). In jeder 4. R beidseitig noch 2x jeweils 2 M wie beschrieben abnehmen (= 103 M). Anschließend ohne weitere Abnahmen im Halbpatent in R bis zur Schulterschräge weiterarb.

... weiter geht es auf Seite 8

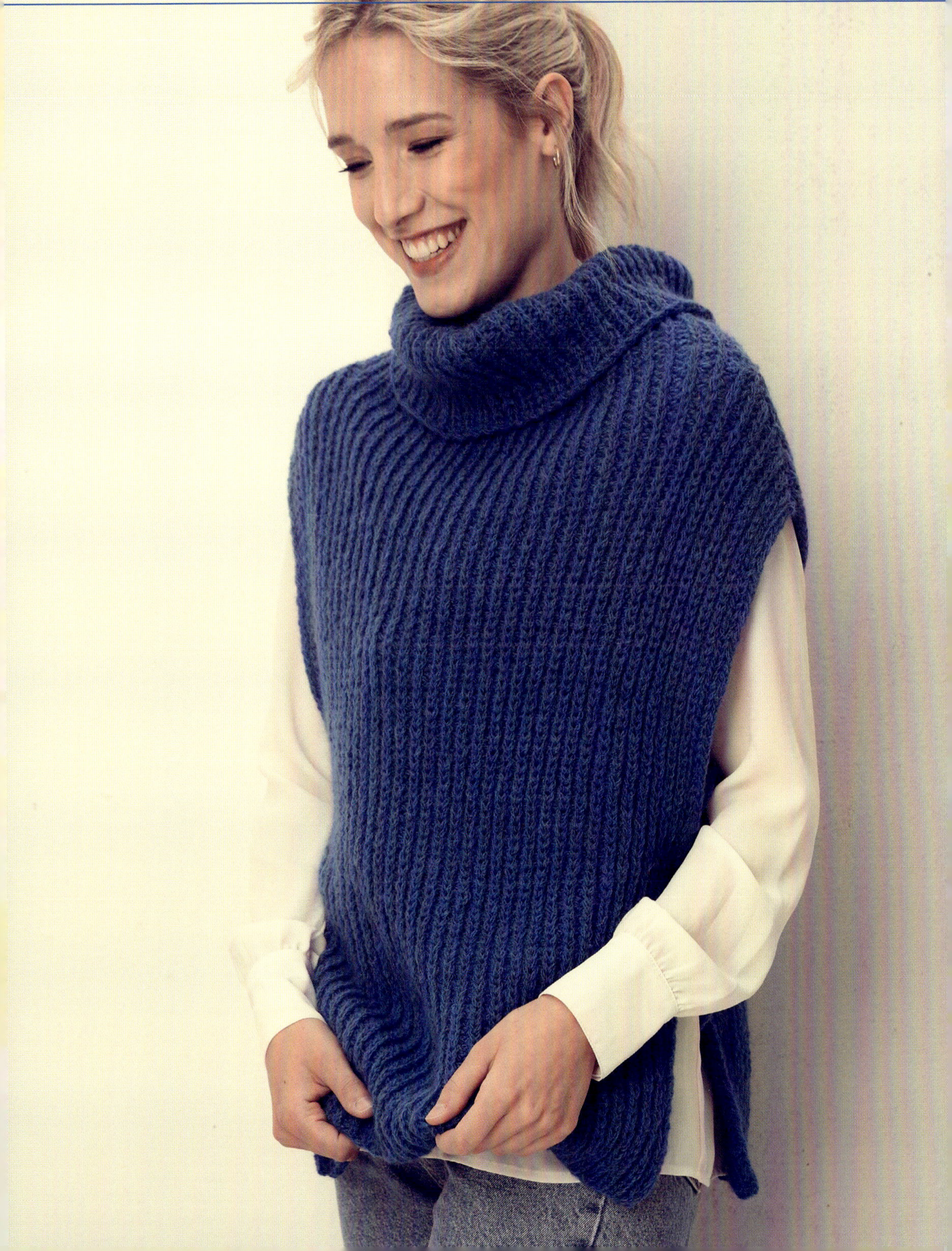

Für alle Größen: In 54 cm Höhe beidseitig mit den Abnahmen für die Schulterschräge beginnen.

Für die Schulterschräge in der ersten Hinr die 3 M Patentrand jeweils rechts zusammenstr (= 77/95/99 M) und für die Schulternaht als eine Nahtrand-M fortführen, dafür die M in den Hinr rechts und in den Rückr links str.

Vorder- und Rückenteil Größe 36-40/42-46

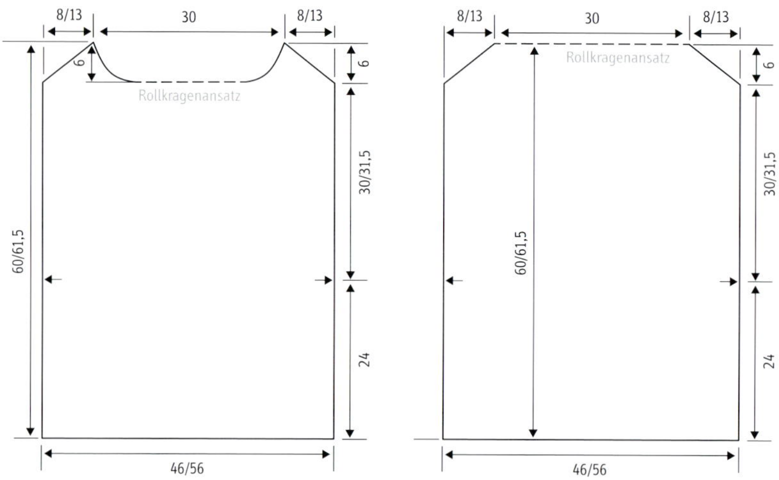

Alle Angaben in cm.

Vorder- und Rückenteil Größe 48-52

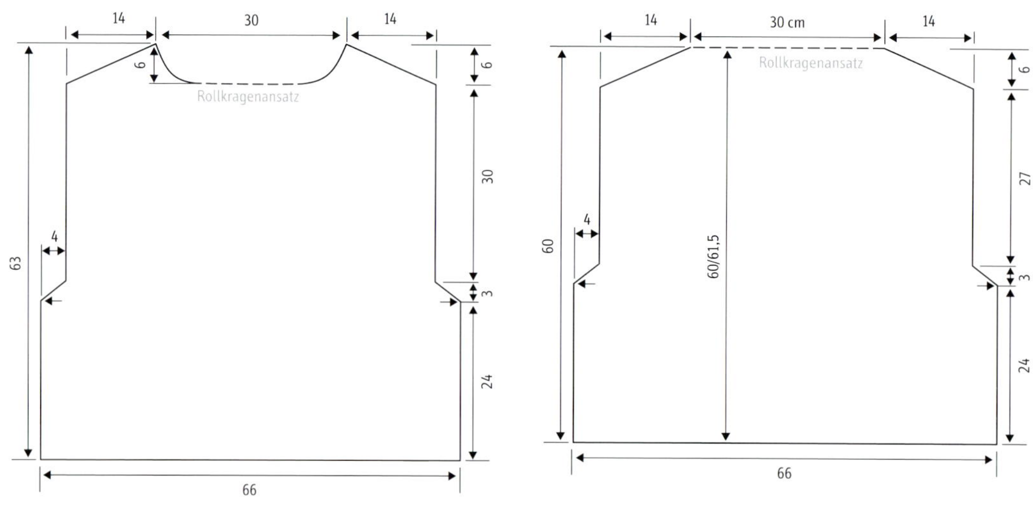

Das Halbpatentmuster wie beschrieben fortsetzen, noch 1 Rückr str dann mit den Abnahmen beginnen (siehe „Stufenloses Abketten für schräge Kanten“). In Hinr die M, die abgekettet werden, ohne U arb, einfach im entsprechenden Rippenmuster (rechte/linke M im Wechsel) und dabei abk, in Rückr wie unter Halbpatent beschrieben str und dabei abk.

Für Größe 36-40: Beidseitig in jeder 4. R 4x 3 M abk (= insgesamt beidseitig jeweils 12 M abk).

Für Größe 42-46: Beidseitig in jeder 4. R 4x 5 M abk (= insgesamt beidseitig jeweils 20 M abk).

Für Größe 48-52: Beidseitig in jeder 4. R 2x 5 und 2x 6 M abk (= insgesamt beidseitig jeweils 22 M abk).

Die restlichen, mittleren 53/55/55 M (= etwa 30 cm) für den Halsausschnitt stilllegen. Es ist eine Gesamthöhe von ca. 60 cm erreicht.

VORDERTEIL

Hinweis: Größenbedingt ist das Vorderteil für die Größen 42-46 und 48-52 etwas länger als das Rückenteil.

Wie das Rückenteil beginnen, allerdings für den Halsausschnitt in 54/55,5/57 cm Gesamthöhe ab Anschlagkante die mittleren 31/33/33 M (= 18 cm) stilllegen und dann jedes Schulterteil getrennt beenden. Dabei für die Ausschnittrundung in jeder 2. R 2x 3 M, dann 1x 2 M und 3x 1 M abk (= insgesamt beidseitig je 11 M abk).

Hinweis: Die Rdm entlang der Ausschnittkante als Nahtrand-M arb (= in den Hinr rechts und in den Rückr links str).

Gleichzeitig die Schulterschrägung wie beim Rückenteil arb. Gesamthöhe ca. 60/61,5/63 cm.

FERTIGSTELLEN

Alle Fäden vernähen. Die Teile auf die Schnittgröße spannen, anfeuchten und trocknen lassen. Die Schulternähte schließen. Für den weiten Rollkragen zwischen den stillgelegten M des Rücken- und Vorderteils jeweils 11 M auf mehrere Spielnd verteilt (oder auf eine kurze Rundstricknd) auffassen und zur Rd schließen (= 106/110/110 M insgesamt). Den Rd-Beginn mit einem M-Markierer kennzeichnen.

Hinweis: Für das Halbpatentmuster in Rd muss es eine gerade M-Zahl sein.

Nun im Halbpatent in Rd 28 cm str.

Hinweis: Die „rechte“ Musterseite erscheint auf der Innenseite, sodass diese nach dem Umschlagen des Kragens außen sichtbar ist.

Dann in einer 2. Rd des Halbpatents alle M locker abk. Den Kragen zur Hälfte nach außen umschlagen – es soll die gleiche Rippenoptik erscheinen wie beim Vorder- und Rückenteil.

Für Größe 36-40 und 42-46: An den Seiten von Vorderteil und Rückenteil, ca. 24 cm ab dem Bündchen gemessen jeweils eine Strickkordel zum Binden anstr. Dafür mit einer Spielnd aus der Rückseite des Patentrands 5 M auffassen, über 5 R hinweg (= senkrecht). Für die Strickkordel die 5 M der Spielnd rechts abstr, dann * die 5 M an das Nd-Ende zurückschieben (nicht wenden), den Faden hinter den M mitführen und wieder die 5 M rechts str, ab * fortlaufend wdh, bis ca. 28 cm erreicht sind. Dann den Faden abschneiden, durch die 5 M fädeln und diese zusammenziehen. Restliche Fäden vernähen. Alternativ ein Band zum Zusammenbinden annähen oder die Seitennähte nach Wunsch einige Zentimeter zusammennähen, dafür die Kanten der Patentränder aneinanderstoßen lassen und Kante an Kante verbinden.

Für Größe 48-52: Unterhalb des Armausschnitts die Seitennähte 4-5 cm lang zusammennähen, dafür die Kanten der Patentränder aneinanderstoßen lassen und Kante an Kante verbinden. Restliche Fäden vernähen.

TENDRIL LAVENDER

modernes Rankenmuster mit Turtleneck

GRÖSSEN

36/38, 40/42, 44/46, 48/50

Die Angaben für die einzelnen Größen stehen im Folgenden hintereinander, jeweils durch Schrägstriche getrennt. Steht nur eine Angabe, gilt diese für alle Größen.

Brustumfang inkl. Mehrweite: 85/96,5/106/120 cm

Gesamtlänge: 56,5/58,5/60,5/62,5 cm

MATERIAL

- Lana Grossa Cool Wool Big Melange GOTS (LL 120 m/ 50 g) in Flieder meliert (Fb 201), 250/300/300/350 g
- Lana Grossa Silkhair (LL 210 m/ 25 g) in Lavendel (Fb 163), 75/75/75/100 g
- Stricknadeln 4,0 mm und 5,0 mm
- Wollnadel ohne Spitze
- 4 Maschenmarkierer
- evtl. Stecknadeln oder Spanndrähte und Spannunterlage

MASCHENPROBE

Glatt rechts mit Nd 5,0 mm mit doppeltem Faden (= 1 Faden Lana Grossa Cool Wool Big Melange und 1 Faden Lana Grossa Silkhair)
17 M und 25 R = 10 cm x 10 cm

GLATT RECHTS

In Hinr rechte M, in Rückr linke M str, bzw. in Rd alle M rechts str.

BÜNDCHENMUSTER IN RUNDEN

1 M links, * 1 M rechts, 2 M links, ab * fortlaufend wdh, mit 1 M links enden.

DOPPELTE ZUNAHME

3 M aus 1 M herausstr: 1 M rechts verschränkt str (aus dem hinteren M-Schenkel), aber die ursprüngliche M auf der linken Nd belasssen, 1 U aufnehmen und noch 1 M rechts verschränkt herausstr.

2 MASCHEN RECHTS ÜBERZOGEN ZUSAMMENSTRICKEN

1 M wie zum Rechtsstr abheben, die nächste M rechts str, dann die abgehobene M überziehen.

3 MASCHEN MIT AUFLIEGENDER MITTELMASCHE ZUSAMMENSTRICKEN

2 M gleichzeitig wie zum Rechtsstr abheben, 1 M rechts str, dann die beiden abgehobenen M überziehen. Es wurden 2 M abgenommen.

RANKENMUSTER IN RUNDEN

1. Rd: * 2 M links, 3 M mit aufliegender Mittel-M zusammenstr, 2 M links, 1 doppelte Zunahme, ab * 2x wdh, 2 M links.
2. Rd: * 2 M links, 1 M rechts, 2 M links, 3 M rechts, ab * 2x wdh, 2 M links.
3.+4. Rd: Wie die 2. Rd str.
5. Rd: * 2 M links, 1 doppelte Zunahme, 2 M links, 3 M mit aufliegender Mittel-M zusammenstr, ab * 2x wdh, 2 M links.
6. Rd: * 2 M links, 3 M rechts, 2 M links, 1 M rechts, ab * 2x wdh, 2 M links.
7.+8. Rd: Wie die 5. Rd str.

RANKENMUSTER IN REIHEN

1. R (Hinr): * 2 M links, 3 M mit aufliegender Mittel-M zusammenstr, 2 M links, 1 doppelte Zunahme, ab * 2x wdh, 2 M links.
2. R (Rückr): * 2 M rechts, 1 M links, 2 M rechts, 3 M links, ab * 2x wdh, 2 M rechts.
3.+4. R: Alle M str, wie sie erscheinen.
5. R (Hinr): * 2 M links, 1 doppelte Zunahme, 2 M links, 3 M mit aufliegender Mittel-M zusammenstr, ab * 2x wdh, 2 M links.
6. R (Rückr): * 2 M rechts, 3 M links, 2 M rechts, 1 M links, ab * 2x wdh, 2 M rechts.
7.+8. R: Alle M str, wie sie erscheinen.

DOPPELMASCHEN **(verkürzte Reihen)**

1 Dm arb: Die Nd in die nächste M wie zum Linksstr einstechen, Faden von vorne nach hinten über die Arbeit ziehen, die entstandene Dm hierbei auf die rechte Nd gleiten lassen.

... weiter geht es auf Seite 12

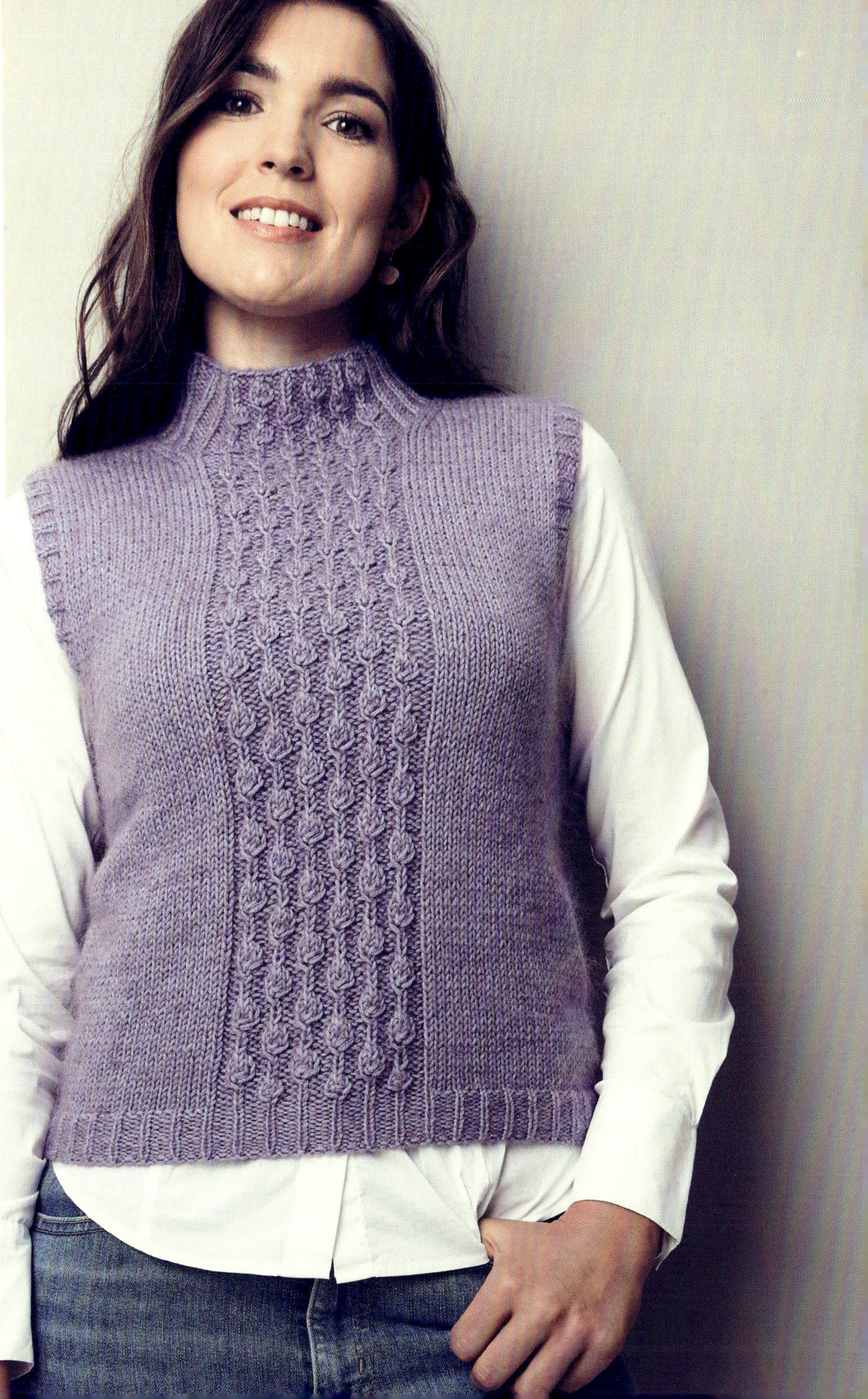

ANLEITUNG

Der Slipover wird durchgängig mit je einem Faden Cool Wool Big und einem Faden Silkhair gestrickt. Es wird von unten nach oben in einem Stück in Rd gearbeitet. Ab den Armausschnitten werden Vorder- und Rückenteil separat beendet, die Schulternähte mit der Drei-Nd-Technik zusammengefügt. Am Schluss werden Kragen und Armabschlüsse angestrickt.

BEGINN

Mit Nd 4,0 mm 144/164/180/204 M im Kreuzanschlag anschl und zur Rd schließen, 3,5 cm im Bündchenmuster arb.

VORDER- UND RÜCKENTEIL

Zu Nd 5,0 mm wechseln und in der nächsten Rd M-Markierer wie folgt setzen: M-Markierer 1 (Rd-Beginn/ linke Seite), 26/31/35/41 M rechts str, 2. M-Markierer 2, * 2 M links, 1 M rechts, 2 M links, 1 doppelte Zunahme, ab * 2x wdh, 2 M links, 3. M-Markierer, 26/31/35/41 M rechts str, 4. M-Markierer (rechte Seite) setzen, 72/ 82/90/102 M bis Rd-Beginn arb. Nun glatt rechts in Rd bzw. über die vorderen 20 M im Rankenmuster arb (hierfür mit der 2.-8. Rd beginnen und anschließend die 1.-8. Rd bzw. später R fortlaufend wdh), bei einer Seitenlänge von 28/29/30/31 cm (gemessen inkl. Bündchen) mit den Ausformungen für die Armausschnitte beginnen.

Vorbereitungs-Rd: Bis 2/2/3/3 M vor dem M-Markierer (linke Seite) rechts str, 4/4/6/6 M abk (M-Markierer kann entfernt werden), bis zum M-Markierer rechts str, über 20 M im Rankenmuster arb, bis 2/2/3/3 M vor dem M-Markierer (rechte Seite) rechts str, 4/4/6/6 M abk (M-Markierer kann entfernt werden).

Vorder- und Rückenteil

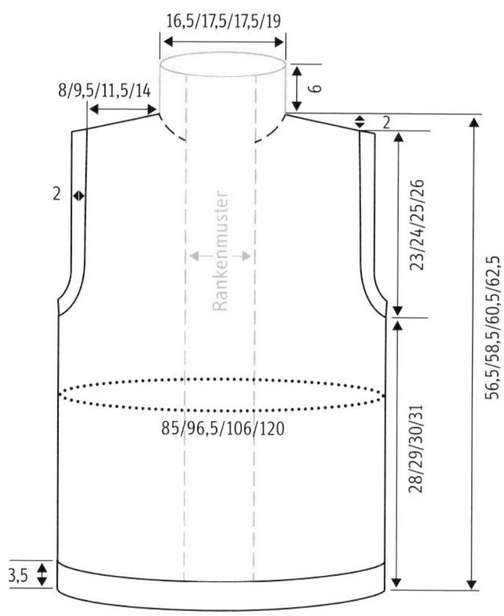

Alle Angaben in cm.

VORDERTEIL

Vorder- und Rückenteil werden separat beendet. Dafür die M für das Rückenteil auf einem Hilfsfaden stilllegen und die 68/78/84/96 M des Vorderteils in Arbeit nehmen. Es wird glatt rechts bzw. über die mittleren 20 M im Rankenmuster in R gearbeitet. Begonnen wird mit 1 Abnahme-R: * 2 M rechts str, 2 M rechts überzogen zusammenstr, rechte M str bis 4 M vor R-Ende, 2 M rechts zusammenstr, 2 M rechts, Arbeit wenden, 1 Rückr links str, ab * noch 2x/3x/3x/4x wdh (insgesamt 6/8/8/ 10 Abnahmen, es sind noch 62/70/76/ 86 M auf der Nd).

Weiter glatt rechts in R arb. Bei einer Höhe des Armausschnitts von 17/17/18/18 cm wird mit der Halslochausformung begonnen. 1 Hinr rechte M wie bisher arb, die M des Rankenmusters sowie des linken Vorderteils können auf einemHilfsfaden stillgelegt werden. Es wird mit dem rechten Vorderteil und einer Rückr wie folgt gestartet: * Bis 4 M vor dem M-Markierer (Rankenmuster) links str, 2 M links zusammenstr, 2 M links, Arbeit wenden, ab * noch 3x/4x/4x/5x wdh (es sind noch 17/20/23/27 M auf der Nd). Anschließend 2 cm glatt rechts str. Nun die Schulterschrägung mit verkürzten R formen. Hierfür in einer Hinr. bis zu den letzten 6/7/8/9 M rechts str, Arbeit wenden, 1 Dm arb, die R links beenden, nächste Hinr bis zu den letzten 12/14/16/18 M rechts str, Arbeit wenden, 1 Dm arb, die R links beenden, 1 Hinr rechts arb, dabei die Dm immer wie eine einzelne M abstr. Die M nicht abk, sondern auf der Nd belassen oder auf einem Hilfsfaden stilllegen.

Nun alle M des linken Vorderteils in Arbeit nehmen (M des Rankenmusters/Halsausschnitt bleiben auf dem Hilfsfaden). Mit 1 R rechts von der Armausschnittseite beginnen: * Bis 4 M vor R-Ende rechts str, 2 M rechts zusammenstr, 2 M rechts, 1 Rückr links, ab * noch 3x/4x/4x/5x wdh (es sind noch 17/20/23/27 M auf der Nd). Anschließend 2 cm glatt rechts str. Nun die Schulter-

... weiter geht es auf Seite 14

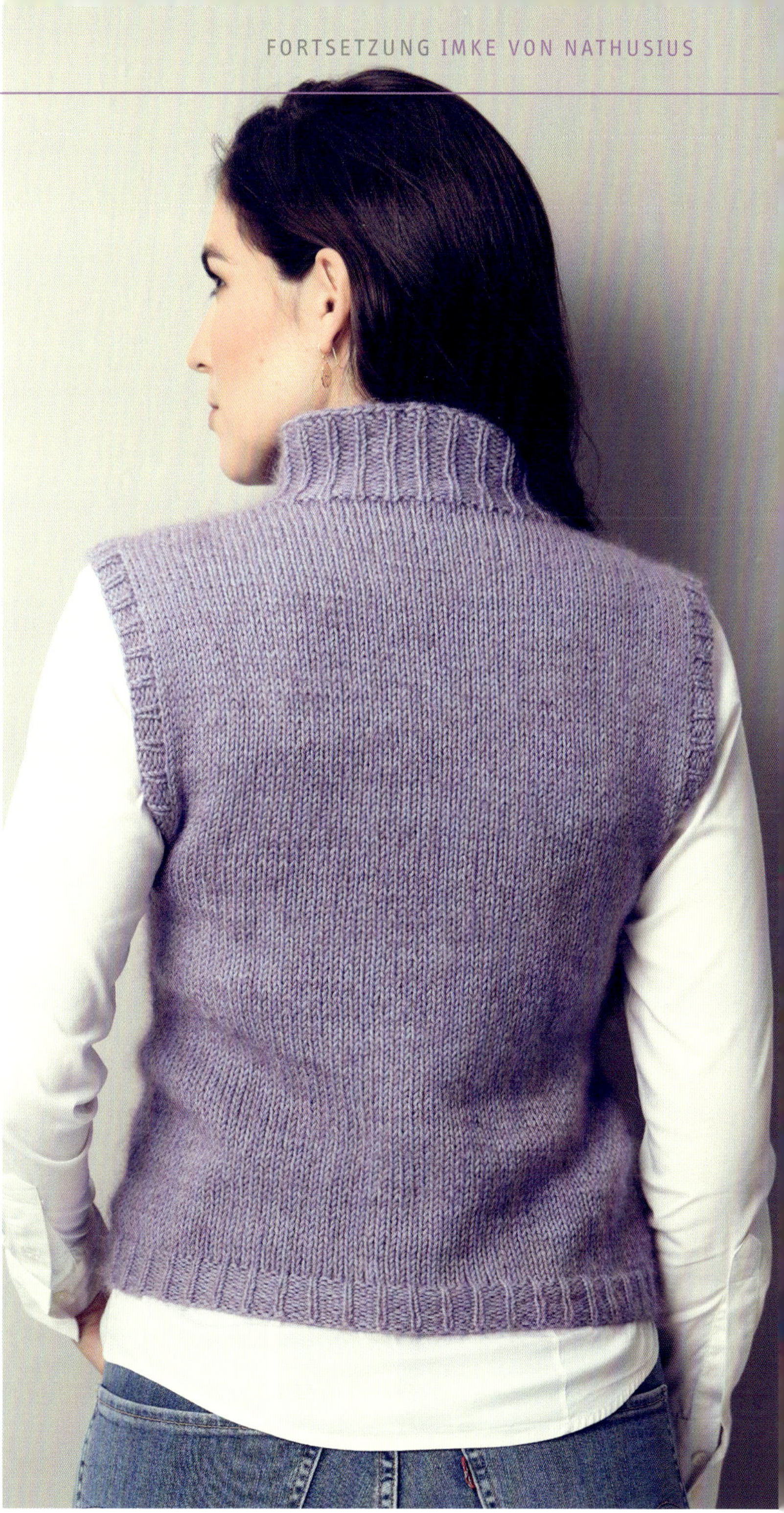

schrägung mit verkürzten R formen. Hierfür in einer Rückr bis zu den letzten 6/7/8/9 M links str, Arbeit wenden, 1 Dm arb, die R rechts beenden, nächste Rückr bis zu den letzten 12/14/16/18 M links str, Arbeit wenden, 1 Dm arb, die R rechts beenden, 1 Rückr links arb, dabei die Dm immer wie eine einzelne M abstr. Die M nicht abk, sondern auf der Nd belassen oder auf einem Hilfsfaden stilllegen.

RÜCKENTEIL

Die 68/78/84/96 M des Rückenteils in Arbeit nehmen. Es wird glatt rechts in R gearbeitet. Begonnen wird mit 1 Abnahme-R: * 2 M rechts str, 2 M rechts überzogen zusammenstr, rechts str bis 4 M vor R-Ende, 2 M rechts zusammenstr, 2 M rechts, Arbeit wenden, 1 Rückr links, ab * noch 2x/3x/3x/4x wdh (insgesamt 6/8/8/10 Abnahmen, es sind noch 62/70/76/86 M auf der Nd). Weiter glatt rechts in R arb. In derselben Höhe wie beim Vorderteil mit der Schulterschrägung (verkürzte R) beginnen: Hierfür in einer Hinr bis zu den letzten 6/7/8/9 M rechts str, Arbeit wenden, 1 Dm arb, die R links str bis zu den letzten 6/7/8/9 M, Arbeit wenden, 1 Dm arb, nächste Hinr bis zu den letzten 12/14/16/18 M rechts str, Arbeit wenden, 1 Dm arb, die R links str bis zu den letzten 12/14/16/18 M, Arbeit wenden, 1 Dm arb, die R rechts beenden, dabei die Dm immer wie eine einzelne M abstr. Eine weitere Rückr links str und wiederum alle Dm wie einzelne M abstr. Die M nicht abk, sondern auf der Nd belassen oder auf einem Hilfsfaden stilllegen (die jeweils 17/20/23/27 äußeren M sind Schulter-M, die 28/30/30/32 mittleren M sind die Halsausschnitt-M).

SCHULTERNÄHTE

Arbeit wenden, sodass Vorder- und Rückenteil rechts auf rechts liegen.

Linke Schulter

Die rückwärtigen und vorderen Schulter-M auf 2 Nd aufnehmen, mit der Drei-Nd-Technik abk: Beide Nd-Spitzen zeigen nach rechts. Mit einer dritten Nd wie zum Rechtsstr jeweils in die 1. M auf beiden Nd einstechen. Beide M zusammenstr und von den Nd gleiten lassen. Für die 2. M auf beiden Nd wdh. Nun die 1. M auf der rechten Nd über die 2. M ziehen und diese so abk. * Wieder die jeweils 1. M beider Nd zusammenstr, dann die 1. M der rechten Nd über die 2. M ziehen. Ab * wdh, bis alle M abgekettet sind.

Rechte Schulter

Wie die linke Schulter schließen, danach die Arbeit wieder wenden.

FERTIGSTELLEN

Für den Stehkragen mit Nd 4,0 mm die 28/30/30/32 stillgelegten M für das rückwärtige Halsloch auf die Nd nehmen und 11/14/14/17 weitere M entlang des linken Vorderteils auffassen, anschließend die 20 M des Rankenmusters auf die Nd nehmen und abschließend noch einmal 12/14/14/18 M aus dem rechten Vorderteil auffassen (Rd-Beginn; es sind nun 71/78/78/87 M auf der Nd). Wie folgt str: 1 M links, * 1 M rechts, 2 M links, ab * fortlaufend wdh, mit 1 M rechts vor dem Rankenmuster enden, wie bisher über die vorderen 20 M im Rankenmuster arb (wegen der kleineren Nd-Stärke über diesen Bereich lockerer str als für den übrigen Stehkragen), * 1 M rechts, 2 M links, ab * fortlaufend wdh, mit 1 M links enden. Diese Rd über 6 cm oder gewünschter Kragenlänge wdh. Mit einer 4. oder 8. Rd des Rankenmusters enden, in der folgenden Rd keine doppelten Zunahmen mehr arb, sondern nur die Abnahmen mit aufliegender Mittel-M. In der folgenden Rd die M elastisch und gleichmäßig abk.
Für den Armabschluss am unteren Armausschnitt beginnen und mit Nd 4,0 mm 97/103/106/109 M entlang des Armausschnitts auffassen. 5 R im Bündchenmuster str und anschließend die M mustergemäß abk.
Den Slipover waschen und den Maßen entsprechend spannen.

KITTENISH BRAID

verspieltes Zopfmuster

GRÖSSEN

36/38, 40/42, 44/46, 48/50

Die Angaben für die einzelnen Größen stehen im Folgenden hintereinander, jeweils durch Schrägstriche getrennt. Steht nur eine Angabe, gilt diese für alle Größen.

Brustumfang inkl. Mehrweite: 96/106/112/122 cm

Gesamtlänge: 55/58/62/66 cm

MATERIAL

- Lana Grossa Linea Pura Fourseason (LL 105 m/50 g) in Graulila (Fb 17), 300/300/300/350 g
- Rundstricknadeln 4,5 mm und 5,0 mm, jeweils 80 cm lang
- Hilfs- oder Zopfnadel
- Wollnadel ohne Spitze

MASCHENPROBE

Im Rippenmuster (gedehnt gemessen) mit Nd 4,5 mm 21 M und 27 R = 10 cm x 10 cm

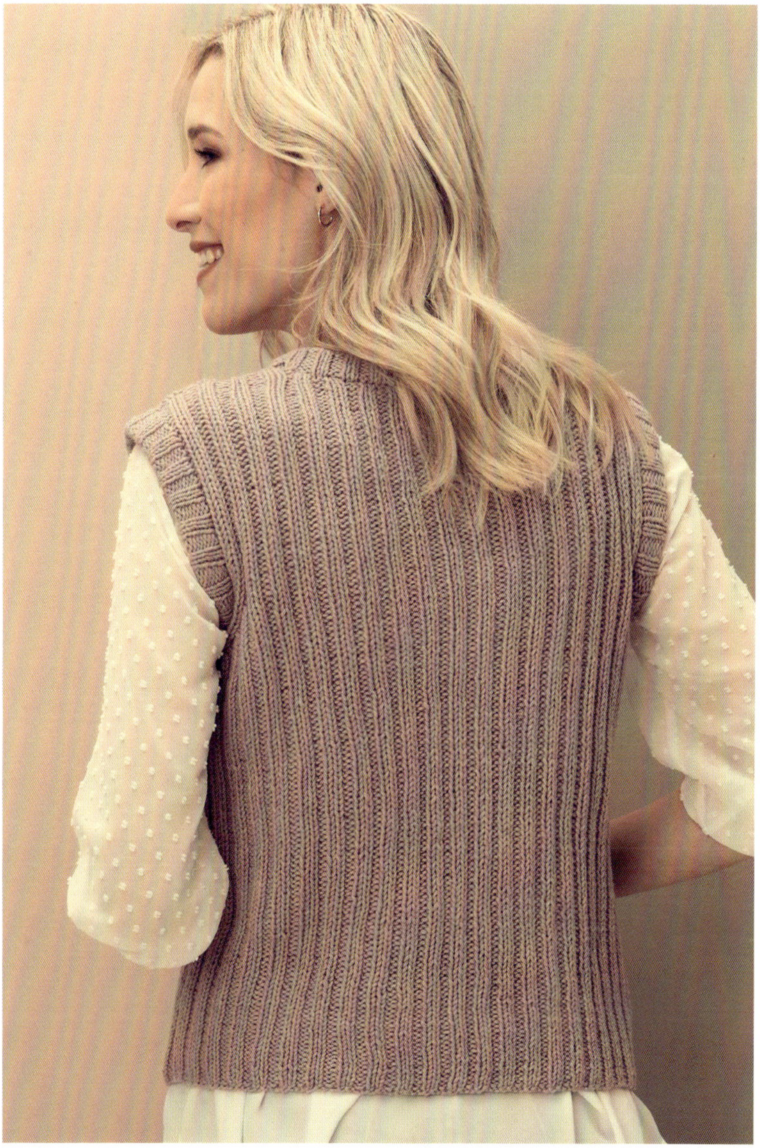

... weiter geht es auf Seite 16

GLATT LINKS

In Hinr linke M, in Rückr rechte M str.

GLATT RECHTS

In Hinr rechte M, in Rückr linke M str.

RIPPENMUSTER

Hinr: 2 M links, 2 M rechts im Wechsel str, enden mit 2 M links.
Rückr: Die M str, wie sie erscheinen. Diese beiden R fortlaufend wdh.

ZOPF 1

Zopf über 3 M nach links gedreht:
Hinr: 1 M auf einer Hilfsnd vor die Arbeit legen, 2 M rechts str, dann die M der Hilfsnd rechts str.
Rückr: 3 M links str.

ZOPF 2

Zopf über 3 M nach rechts gedreht:
Hinr: 1 M auf einer Hilfsnd hinter die Arbeit legen, 2 M rechts str, dann die M der Hilfsnd rechts str.
Rückr: 3 M links str.

ZOPF 3

Kleine Zöpfe auf glatt links (Muster über 6 M): In R gemäß Strickschrift 1 arb. Es sind nur die Hinr gezeichnet. In den Rückr alle M str, wie sie erscheinen. Die 1.-8. R fortlaufend wdh.

... weiter geht es auf Seite 18

MEIN TIPP FÜR SIE

Ohne Zopfnadel Beim Zopf über 2 Maschen kann auch ohne Hilfsnadel gearbeitet werden. Dafür einfach in die von der Nadel aus gesehen 2. Masche von hinten einstechen und diese rechts stricken, jedoch noch nicht von der Nadel gleiten lassen. Dann die 1. Masche rechts stricken und beide Maschen von der Nadel gleiten lassen. Ebenso kann auch beim Zopf über 4 Maschen gearbeitet werden. Dafür zuerst in die von der Nadel aus gesehen 3. Masche von hinten einstechen und rechts verschränkt stricken, dann die 4. Masche rechts verschränkt stricken, beide Maschen noch nicht von der Nadel gleiten lassen. Dann nacheinander die ersten beiden Maschen der linken Nadel rechts stricken und dann alle 4 Maschen zusammen von der Nadel gleiten lassen.

ZOPF 4

Große Rautenzöpfe: In R gemäß Strickschrift 2 arb. Es sind nur die Hinr gezeichnet. In den Rückr alle M str, wie sie erscheinen. Mit den M vor dem Rapport beginnen, den Rapport von 8 M 1x/1x/2x/2x arb und mit den M nach dem Rapport enden. Die 1.-28. R fortlaufend wdh.

BETONTE ABNAHMEN (Armausschnitte)

Hinr: 2 M links, 2 M rechts, 2 M links zusammenstr, bis 6 M vor R-Ende mustergemäß str, 2 M links verschränkt zusammenstr, 2 M rechts, 2 M links.
Rückr: 2 M rechts, 2 M links, 2 M rechts verschränkt zusammenstr, bis 6 M vor R-Ende mustergemäß str, 2 M rechts zusammenstr, 2 M links, 2 M rechts.

1 MASCHE LINKS VERDOPPELN

2 M aus 1 M herausstr: 1 M wie gewohnt links str, aber die ursprüngliche M auf der linken Nd belassen und für die 2. M noch 1 M links verschränkt (aus dem hinteren M-Schenkel) herausstr.

Strickschrift 1

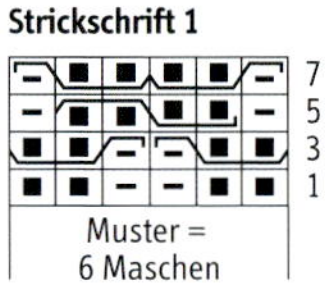

■ = 1 Masche rechts
– = 1 Masche links
= 1 Masche auf einer Hilfsnadel hinter die Arbeit legen, 2 Maschen rechts stricken, dann die Masche der Hilfsnadel links stricken
= 2 Maschen auf einer Hilfsnadel vor die Arbeit legen, 1 Masche links stricken, dann die Maschen der Hilfsnadel rechts stricken

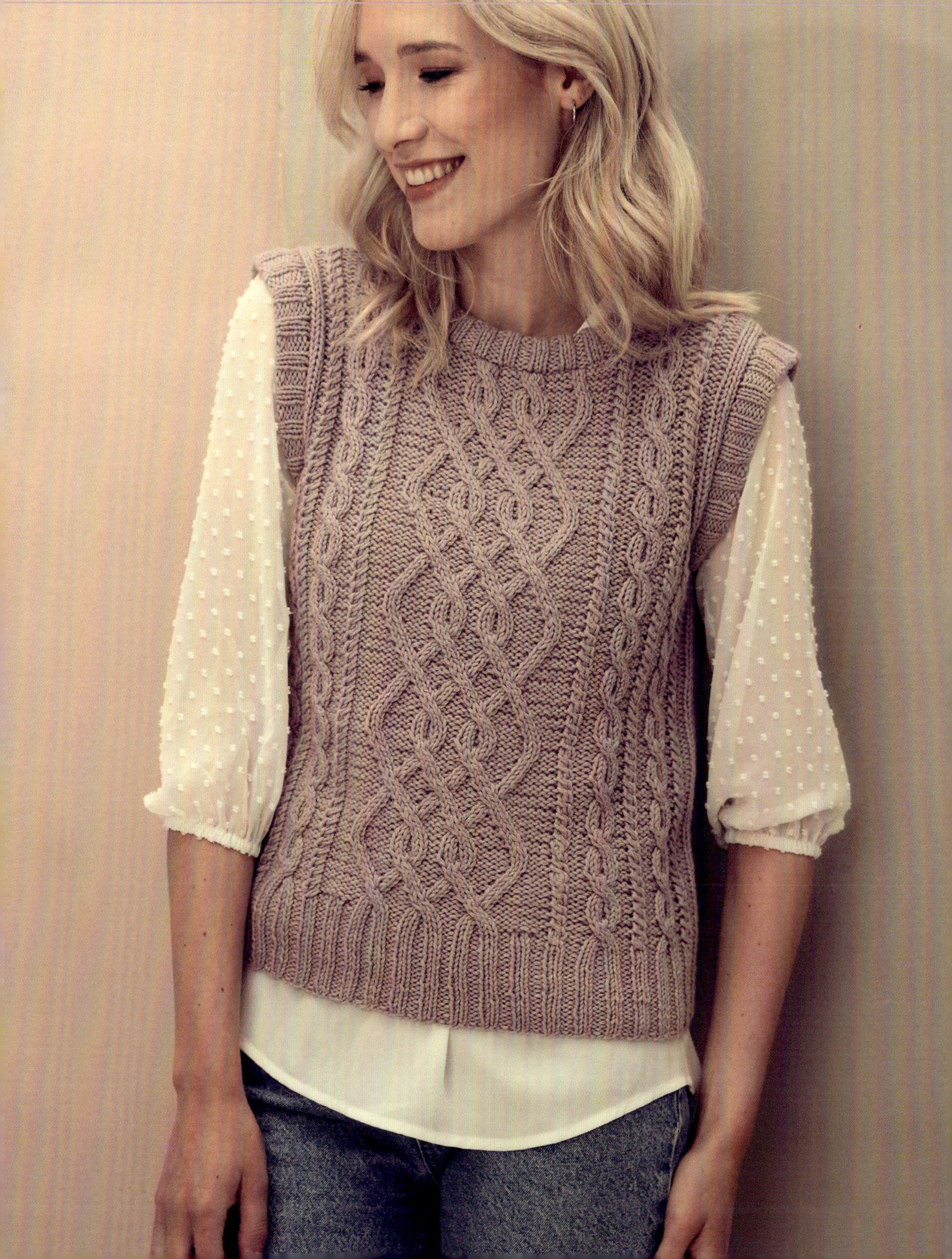

ANLEITUNG

Hinweis: Der Rand wird als Nahtrand gearbeitet. Die Rdm sind im Muster integriert und werden nicht gesondert beschrieben.

RÜCKENTEIL

Mit Nd 4,5 mm 98/106/114/122 M anschl und im Rippenmuster str, dabei darauf achten, dass die R mit 2 M links begonnen wird. Nach 7 cm mit Nd 5,0 mm im Rippenmuster weiterarb. Nach insgesamt 32/33/35/37 cm für die Armausschnitte beidseitig jeweils 12/12/14/16 M betont abnehmen (= 74/82/86/90 M). Nach 55/58/62/66 cm für den Halsausschnitt die mittleren 32/36/36/38 M abk und die Seiten getrennt voneinander beenden. Für die Ausschnittrundung an der inneren Kante in jeder 2. R noch 1x 2 M und 1x 1 M abk, gleichzeitig mit den Abnahmen für die Schulterschrägung beginnen und dafür in jeder 2. R 3x 6/1x 6 und 2x 7/2x 7 und 1x 8/1x 7 und 2x 8 M abk. Die andere Seite gegengleich beenden.

VORDERTEIL

Mit Nd 4,5 mm 98/106/114/122 M anschl und im Rippenmuster str, dabei darauf achten, dass die R mit 2 M links begonnen wird. Nach 7 cm mit Nd 5,0 mm weiterarb, dabei in der letzten Rückr wie folgt M zunehmen:

Größe 36/38: 6 M Rippenmuster, 1 M links, 1 M links verdoppeln, [10 M Rippenmuster, 1 M links, 1 M links verdoppeln] 2x, 34 M Rippenmuster, [1 M links, 1 M links verdoppeln, 10 M Rippenmuster,] 2x, 1 M links, 1 M links verdoppeln, 6 M Rippenmuster (= 104 M).

Größe 40/42: 6 M Rippenmuster, 1 M links, 1 M links verdoppeln, 2 M Rippenmuster, 1 M links, 1 M links verdoppeln, [10 M Rippenmuster, 1 M links, 1 M links verdoppeln] 2x, 34 M Rippenmuster, [1 M links, 1 M links verdoppeln, 10 M Rippenmuster] 2x, 1 M links, 1 M links verdoppeln, 2 M rechts, 1 M links, 1 M links verdoppeln, 6 M Rippenmuster (= 114 M).

Größe 44/46: 6 M Rippenmuster, 1 M links, 1 M links verdoppeln, 2 M Rippenmuster, 1 M links, 1 M links verdoppeln, [10 M Rippenmuster, 1 M links, 1 M links verdoppeln] 2x, 42 M Rippenmuster, [1 M links, 1 M links verdoppeln, 10 M Rippenmuster] 2x, 1 M links, 1 M links verdoppeln, 2 M rechts, 1 M links, 1 M links verdoppeln, 6 M Rippenmuster (= 122 M).

Größe 48/50: 6 M Rippenmuster, 1 M links, 1 M links verdoppeln, 2 M Rippenmuster, 1 M links, 1 M links verdoppeln, [10 M Rippenmuster, 1 M links, 1 M links verdoppeln] 2x, 2 M rechts, 1 M links, 1 M links verdoppeln, 42 M Rippenmuster, 1 M links, 1 M links verdoppeln, 2 M rechts [1 M links, 1 M links verdoppeln, 10 M Rippenmuster,] 2x, 1 M links, 1 M links verdoppeln, 2 M rechts, 1 M links, 1 M links verdoppeln, 6 M Rippenmuster (= 132 M).

Strickschrift 2

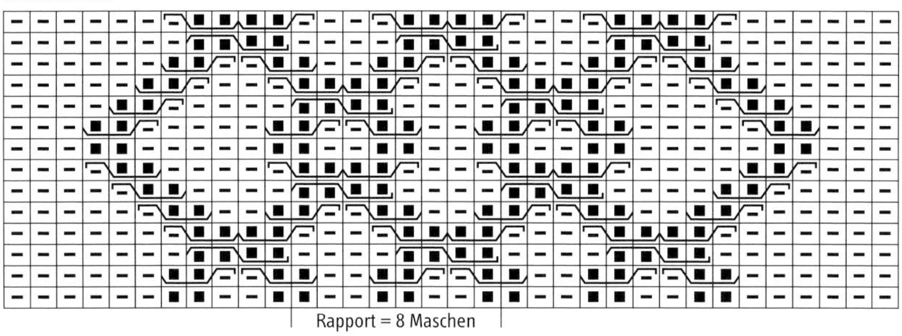

■ = 1 Masche rechts

− = 1 Masche links

= 1 Masche auf einer Hilfsnadel hinter die Arbeit legen, 2 Maschen rechts stricken, dann die Masche der Hilfsnadel links stricken

= 2 Maschen auf einer Hilfsnadel vor die Arbeit legen, 1 Masche links stricken, dann die Maschen der Hilfsnadel rechts stricken

= 2 Maschen auf einer Hilfsnadel vor die Arbeit legen, 2 Maschen rechts stricken, dann die Maschen der Hilfsnadel rechts stricken

Vorderteil

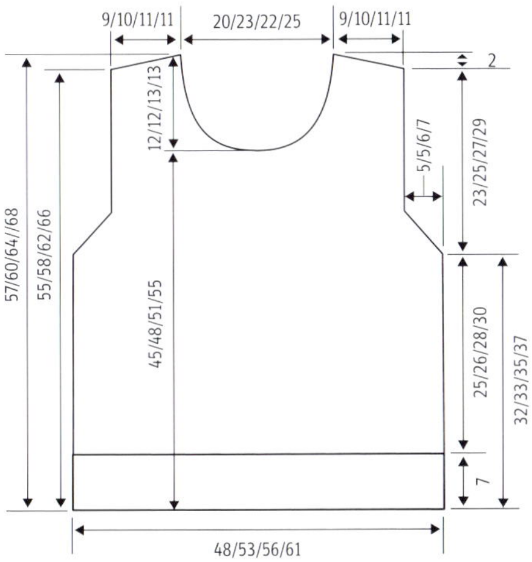

Rückenteil

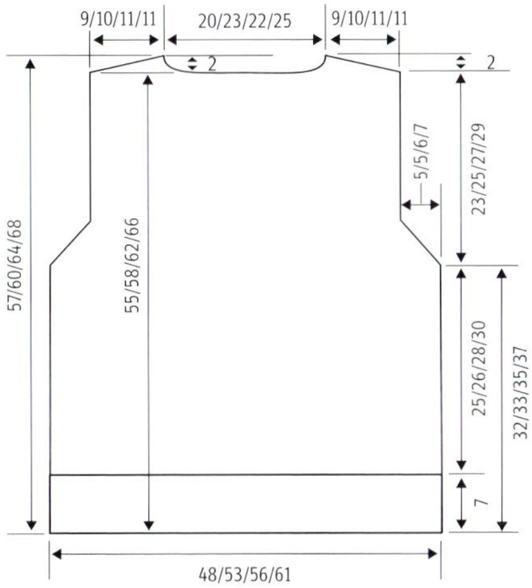

Alle Angaben in cm.

Ab der nächsten Hinr die M wie folgt einteilen: 4 M im Rippenmuster fortführen, [2 M links, 3 M Zopf 1] 1x/2x/2x/2x, [2 M glatt links, 6 M Zopf 3, 2 M glatt links, 3 M Zopf 1] 2x, [2 M links, 3 M Zopf 1] 0x/0x/0x/1x, 34/34/42/42 M Zopf 4, [3 M Zopf 2, 2 M links] 0x/0x/0x/1x, [3 M Zopf 2, 2 M glatt links, 6 M Zopf 3, 2 M glatt links] 2x, [3 M Zopf 2, 2 M glatt links] 1x/2x/2x/2x, 4 M im Rippenmuster fortführen.

Die Abnahmen für die Armausschnitte wie beim Rückenteil arb, dabei jedoch für die Zöpfe 1 und 2 jeweils 1x anstelle von 2 M links bzw. links verschränkt 3 M links bzw. links verschränkt zusammenstr (= 78/86/90/96 M).

Nach einer Höhe von 45/48/51/55 cm für den Halsausschnitt die mittleren 26/30/28/32 M abk und die Seiten getrennt beenden. Für die Ausschnittrundung an der inneren Kante in jeder 2. R noch 1x 3 M, 1x 2 M und 1x/1x/2x/1x 1 M abk (= 19/21/24/25 M). Dabei bitte beachten: Vor dem Abk von Zopf 1 bzw. Zopf 2 jeweils die ersten 2 M des jeweiligen Zopfs rechts zusammenstr. Die Schulterschräge nach 55/58/62/66 cm beidseitig wie beim Rückenteil arb, dabei ebenfalls die ersten 2 M der Zöpfe 1 und 2 vor dem Abk zusammenstr. Die andere Seite gegengleich beenden.

FERTIGSTELLEN

Die rechte Schulternaht im Matratzenstich schließen.

Für die Halsblende mit Nd 4,5 mm aus der Ausschnittkante des Rücken- und Vorderteils gleichmäßig verteilt 102/114/118/126 M auffassen und im Rippenmuster str, dabei mit 2 M links beginnen und enden. Nach 5 cm Höhe die M mit der Anschlagkante zusammen abk. Dafür in die 1. M einstechen, dann mit der rechten Nd in die M aus der Ausschnittkante einstechen, aus der die 1. M herausgestrickt wurde und diese beiden M rechts zusammenstr. Weiter auf die gleiche Art alle M nacheinander rechts zusammenstr und dabei abk. Alternativ die M einfach abk, dann das Halsbündchen zur Hälfte nach innen umschlagen und annähen.

Die linke Schulternaht und die Querseite des Halsbündchens im Matratzenstich schließen.

Für die Armausschnittblenden mit Nd 4,5 mm aus den Armausschnittkanten jeweils 86/94/102/110 M auffassen und im Rippenmuster str, dabei mit 2 M links beginnen und enden. Nach 5 cm Höhe die M wie beim Halsausschnitt beschrieben abk.

Den Slipover anfeuchten, auf die angegebenen Maße spannen und trocknen lassen.

CHAINED BRAID

elegantes Zopf- und Rippenmuster

GRÖSSEN

36/38, 40/42, 44/46, 48/50

Die Angaben für die einzelnen Größen stehen im Folgenden hintereinander, jeweils durch Schrägstriche getrennt. Steht nur eine Angabe, gilt diese für alle Größen.

Brustumfang inkl. Mehrweite: 118/132/146/160 cm

Gesamtlänge: 56/58/60/62 cm

MATERIAL

- Kremke Soul Wool Baby-alpaka (LL 100 m/50 g) in Hellgrau (Fb 10121), 450/500/550, 600 g
- Rundstricknadeln 4,0 mm, 40 cm und 80 cm lang
- Hilfs- oder Zopfnadel
- Wollnadel ohne Spitze

MASCHENPROBE

Im Rippenmuster mit Nd 4,0 mm 22 M und 28 R = 10 cm x 10 cm

RANDMASCHEN

Die erste und letzte M in den Hinr rechts str, in den Rückr links str.

RIPPENMUSTER

In den Hinr 1 M rechts, 1 M links im Wechsel str.
In den Rückr alle M links str.

KRAUS RECHTS

In Hin- und Rückr rechte M str, bzw. in Rd 1 Rd rechte M, 1 Rd linke M im Wechsel str.

ZOPFMUSTER

Nach der Strickschrift str. Es sind nur die Hinr gezeichnet, in den Rückr die M str, wie sie erscheinen. Den Rapport von 16 M fortlaufend wdh. Die 1.-24. R 2x str, dann noch 1x die 1.-10. R arb.

Strickschrift

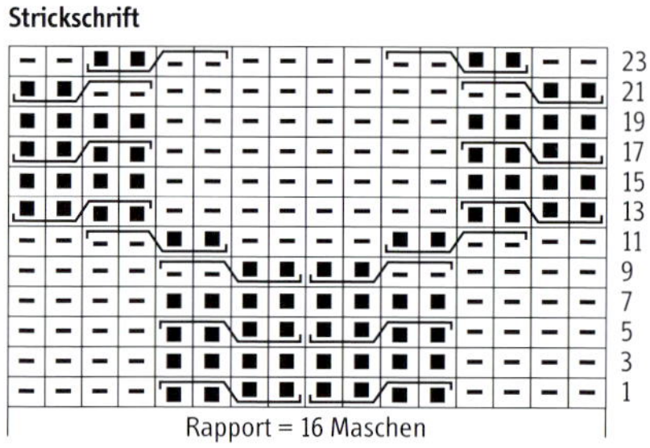

= 1 Masche links

= 2 Maschen auf einer Hilfsnadel vor die Arbeit legen, 2 Maschen rechts stricken, dann die Maschen der Hilfsnadel rechts stricken

= 2 Maschen auf einer Hilfsnadel hinter die Arbeit legen, 2 Maschen rechts stricken, dann die Maschen der Hilfsnadel rechts stricken

= 2 Maschen auf einer Hilfsnadel vor die Arbeit legen, 2 Maschen links stricken, dann die Maschen der Hilfsnadel rechts stricken

= 2 Maschen auf einer Hilfsnadel hinter die Arbeit legen, 2 Maschen rechts stricken, dann die Maschen der Hilfsnadel links stricken

... weiter geht es auf Seite 22

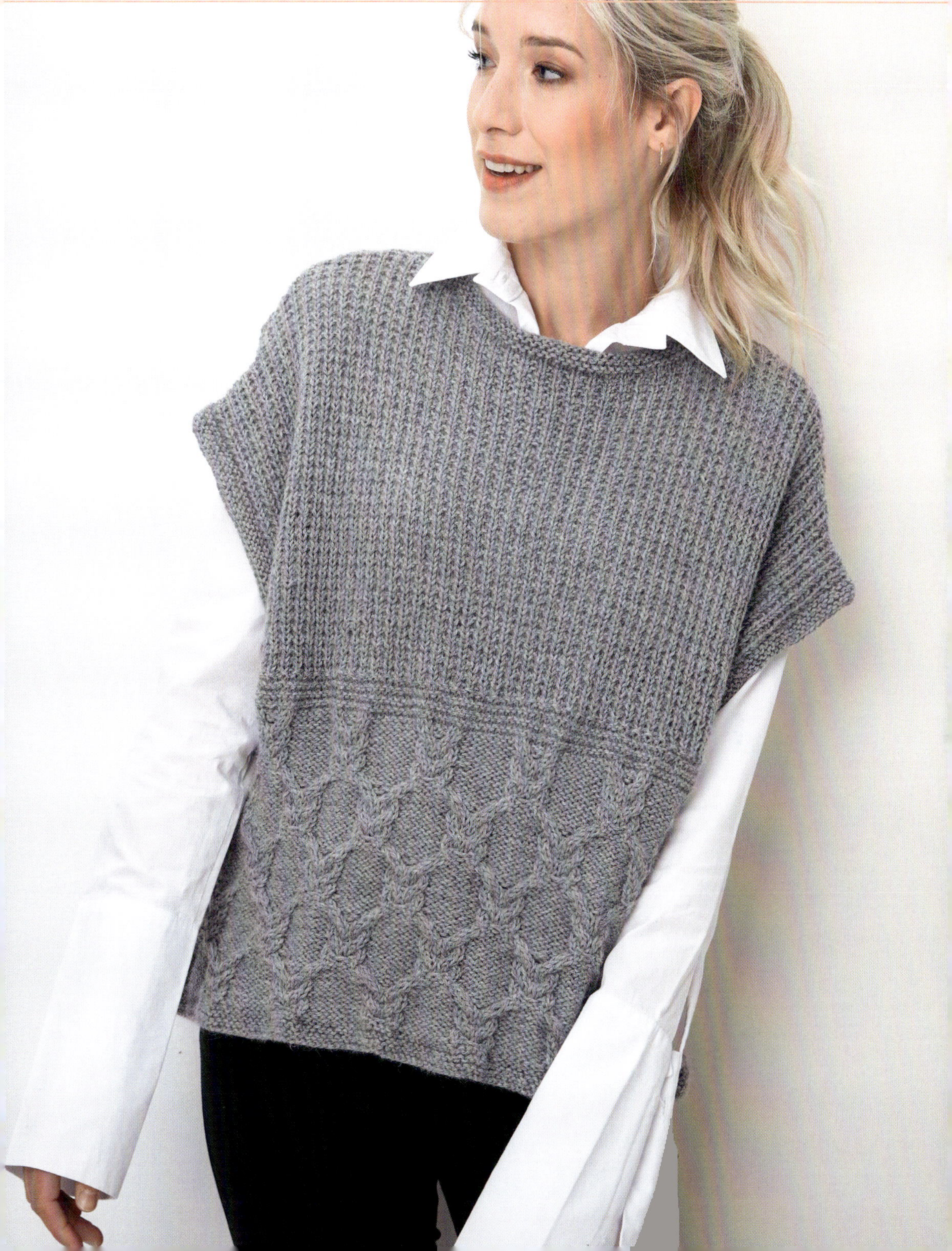

ANLEITUNG

RÜCKENTEIL

Mit der längeren Rundstricknd 130/146/162/178 M anschl und für den Bund 8 R kraus rechts str. Anschließend in folgender Einteilung weiterstr: 1 Rdm, 128/144/160/176 M Zopfmuster, 1 Rdm.
Nach 58 R Zopfmuster zunächst noch 8 R kraus rechts str, dann in folgender Einteilung weiterarb: 1 Rdm, 128/144/160/176 M Rippenmuster, 1 Rdm.
Für die Armausschnitte nach 4 R Rippenmuster beidseitig 4/5/5/6 M abk (= 122/136/152/166 M). Im Rippenmuster weiterstr, dabei die erste und die letzte M wieder als Rdm str.
Nach 23/24/25/26 cm (= 66/68/70/72 R) Armausschnitthöhe für die Schulterschrägung beidseitig 5 M abk. Anschließend in jeder 2. R beidseitig noch 7x/8x/9x/10x 5 M abk.
Nach 29/31/33/35 cm (= 82/86/90/94 R) Armausschnitthöhe die restlichen 42/46/52/56 M abk.

VORDERTEIL

Wie das Rückenteil str, jedoch mit Halsausschnitt. Dafür nach 24/26/27/28 cm (= 68/72/74/76 R) Armausschnitthöhe die mittleren 18/22/24/24 M abk und beide Seiten getrennt weiterstr. Für die Ausschnittrundung am inneren Rand in jeder 2. R noch 1x 3 M, 2x/2x/3x/4x 2 M und 3x 1 M abk. Nach 29/31/33/35 cm (= 82/86/90/94 R) Armausschnitthöhe die restlichen je 2 M abk.

FERTIGSTELLEN

Die Teile auf die angegebenen Maße spannen, anfeuchten und trocknen lassen. Die Schulter- und Seitennähte schließen.
Für den Halsabschluss aus dem Halsausschnitt mit der kürzeren Rundstricknd 84/88/92/96 M auffassen, zur Rd schließen und 6 Rd kraus rechts str. Alle M abk.
Für die Armabschlüsse aus den Armausschnitten mit der kürzeren Rundstricknd jeweils 100/104/106/110 M auffassen, zur Rd schließen und 6 Rd kraus rechts str. Alle M abk. Alle Fäden vernähen.

Vorderteil

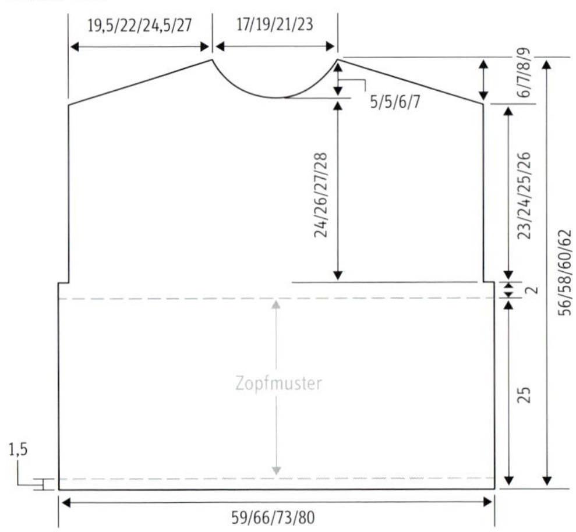

Rückenteil

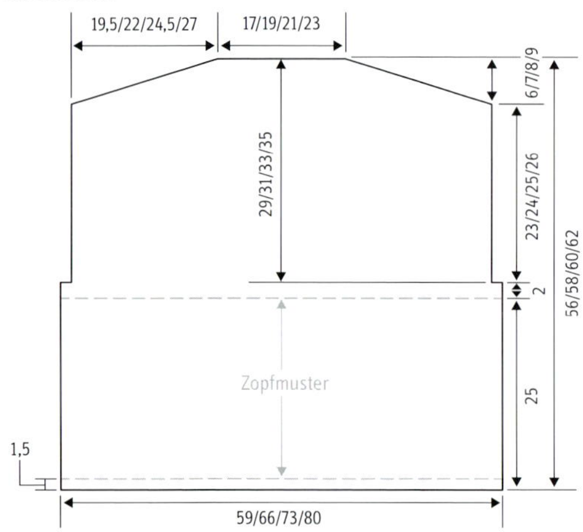

Alle Angaben in cm.

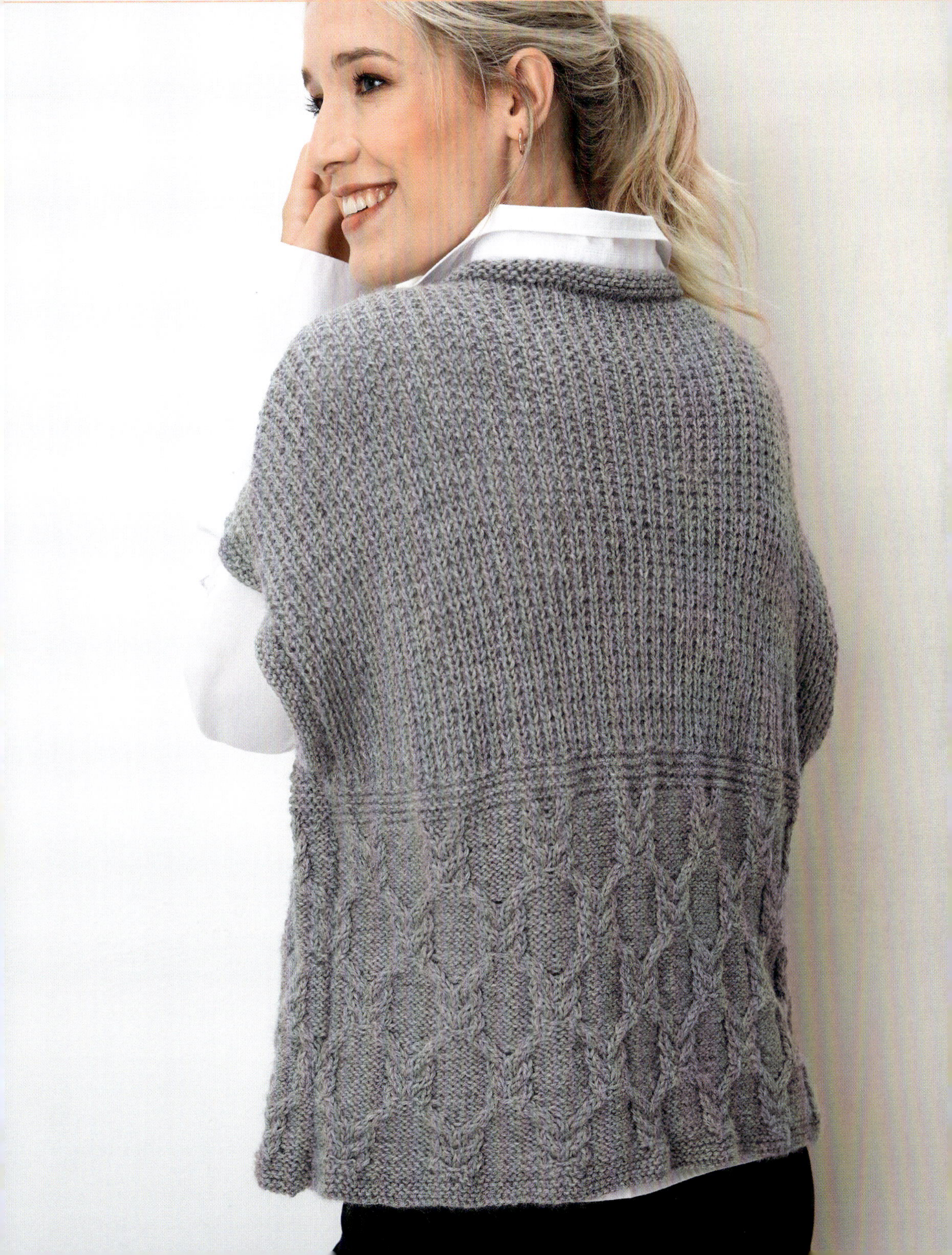

RUSTY RED TURTLENECK

edles Strukturmuster mit Rollkragen

GRÖSSEN

36/38, 40/42, 44/46, 48/50

Die Angaben für die einzelnen Größen stehen im Folgenden hintereinander, jeweils durch Schrägstriche getrennt. Steht nur eine Angabe, gilt diese für alle Größen.

Brustumfang ohne Mehrweite:
82-88/89-96/97-104/105-116 cm
Das Modell ist körpernah geschnitten mit ca. 8 cm Mehrweite je Doppelgröße konzipiert.

Gesamtlänge (hintere Mitte):
58/59/60/61 cm

MATERIAL

- Lana Grossa Cashmere 16 Fine (LL ca. 320 m/50 g) in Rost (Fb 44), 200/250/300/300 g
- Rundstricknadel 4,0-4,5 mm, 80-100 cm lang
- Rundstricknadel 4,0-4,5 mm, 50 cm lang, oder Nadelspiel 4,0-4,5 mm, 20 cm lang in der gleichen Stärke (für den Rollkragen)
- Maschenraffer oder Hilfsnadel (zum Stilllegen der Maschen)
- 2 Maschenmarkierer
- Wollnadel ohne Spitze

MASCHENPROBE

Im Strukturmuster mit Nd 4,0-4,5 mm 24 M und 44 R = 10 cm x 10 cm

RANDMASCHEN

Nahtrand: Die erste und letzte M in den Hinr rechts str, in den Rückr links str.

STRUKTURMUSTER

Gerade M-Zahl + 1.
Hinr: 1 M links, 1 M rechts im Wechsel str, enden mit 1 M links.
Rückr: Alle M rechts str.
Diese beiden R fortlaufend wdh.

RIPPENMUSTER

Gerade M-Zahl + 1.
Hinr: 1 M rechts verschränkt, 1 M links im Wechsel str, enden mit 1 M rechts verschränkt.
Rückr: 1 M links, 1 M rechts verschränkt im Wechsel str, enden mit 1 M links.
Diese beiden R fortlaufend wdh.

HALBPATENT IN RUNDEN (Rollkragen)

Gerade M-Zahl. Den Rd-Beginn mit einem M-Markierer kennzeichnen.

Hinweis: Die „krause" Musterseite erscheint auf der Innenseite, sodass diese nach dem Umschlagen des Kragens außen sichtbar ist.

Anfangs-Rd: 1 M rechts, 1 M links im Wechsel str.
1. Rd: Alle M links str.
2. Rd: * 1 M rechts tiefer gestochen, dafür 1 Rd tiefer (unter der linken M der Vor-Rd) einstechen und wie gewohnt 1 M rechts str, die darüberliegende M dabei auflösen, 1 M links, ab * fortlaufend wdh.

Die Anfangs-Rd 1x str, dann die 1. und 2. Rd fortlaufend wdh.

2 MASCHEN RECHTS ÜBERZOGEN ZUSAMMENSTRICKEN

1 M wie zum Rechtsstr abheben, die nächste M rechts str, dann die abgehobene M überziehen.

3 MASCHEN RECHTS ÜBERZOGEN ZUSAMMENSTRICKEN

1 M wie zum Rechtsstr abheben, 2 M rechts zusammenstr, dann die abgehobene M überziehen.

2 MASCHEN BETONT ABNEHMEN

In den Hinr über die ersten bzw. letzten 10 M wie folgt arb:
Am rechten Rand: Rdm, 3x [1 M rechts verschränkt, 1 M links], 3 M rechts überzogen zusammenstr.
Am linken Rand: Bis zu den letzten 10 M der R mustergemäß str, 3 M rechts zusammenstr, 3x [1 M links, 1 M rechts verschränkt], Rdm.
In den Rückr die M wie im Rippenmuster beschrieben arb.

... weiter geht es auf Seite 26

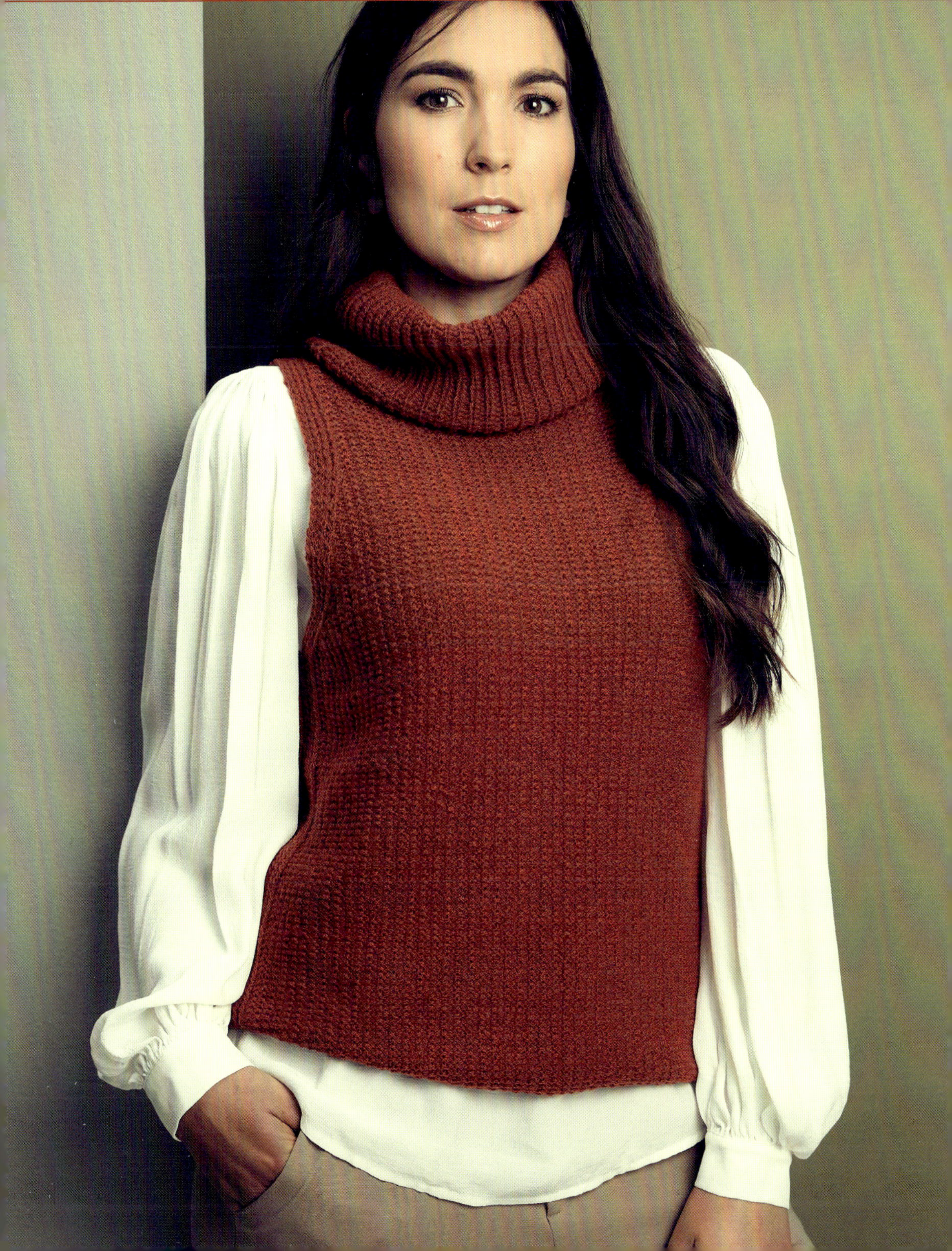

1 MASCHE BETONT ABNEHMEN

In den Hinr über die ersten bzw. letzten 9 M wie folgt arb:
Am rechten Rand: Rdm, 3x [1 M rechts verschränkt, 1 M links], 2 M rechts überzogen zusammenstr.
Am linken Rand: Bis zu den letzten 9 M der R mustergemäß str, 2 M rechts zusammenstr, 3x [1 M links, 1 M rechts verschränkt], Rdm.
In den Rückr die M wie im Rippenmuster beschrieben arb.

MEIN TIPP FÜR SIE

Besonders übersichtlich Setzen Sie vor und nach dem Randbereich jeweils einen Maschenmarkierer ein, um den Musterwechsel zu kennzeichnen. Dafür einen Maschenmarkierer an der entsprechenden Stelle auf die Stricknadel fädeln, den Markierer in jeder Reihe beibehalten und an der entsprechenden Stelle von der linken Stricknadel zur rechten Stricknadel ungestrickt überheben. Bei den späteren Abnahmen die Maschenmarkierer entsprechend versetzen.

ANLEITUNG

Bei Größe 36/38 und 40/42 sind Vorder- und Rückenteil gleich gestrickt, bei Größe 44/46 und 48/50 ist das Vorderteil größenbedingt im Bereich des Armausschnittes 2 cm länger als das Rückenteil.

RÜCKENTEIL

121/131/141/157 M (= 48/52/56/62 cm) anschl und mit 1 Hinr in folgender Einteilung beginnen: Rdm, 7 M im Rippenmuster, dabei mit 1 M rechts verschränkt beginnen, M-Markierer setzen, 105/115/125/141 M im Strukturmuster, M-Markierer setzen, 7 M im Rippenmuster, dabei mit 1 M rechts verschränkt beginnen, Rdm.
Nach 36 cm ab Anschlag für die Armausschnitte beidseitig 1x je 2 M betont abnehmen, dann für alle Größen in jeder 2. Hinr 4x je 2 M betont abnehmen.
Anschließend für die unterschiedlichen Größen beidseitig in jeder 2. Hinr 5x/7x/9x/11x je 1 M und danach in jeder 4. Hinr 7x je 1 M betont abnehmen, dabei das Rippenmuster bis zu den Schultern fortsetzen (= 77/83/89/101 M). Anschließend ohne Abnahmen in der gewohnten M-Einteilung weiterarb.
In 22/23/24/25 cm ab Armausschnittbeginn für die Schultern beidseitig jeweils 10/13/14/20 M gerade abk, dabei die M-Markierer entfernen. Die restlichen 57/57/61/61 M stilllegen.

Vorder- und Rückenteil
Größe 36/38 und 40/42
Rückenteil Größe 44/46 und 48/50

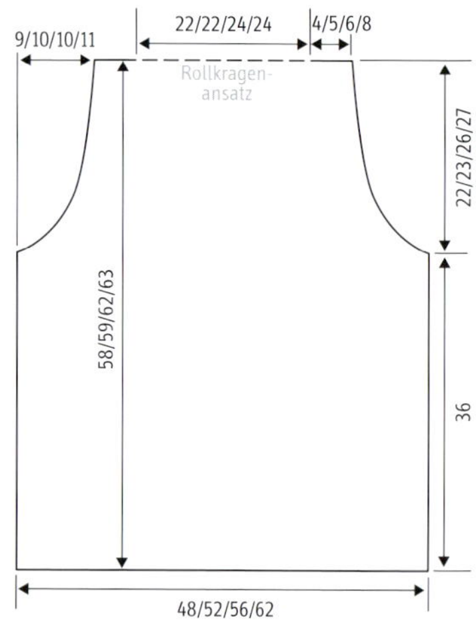

Vorderteil Größe 44/46 und 48/50

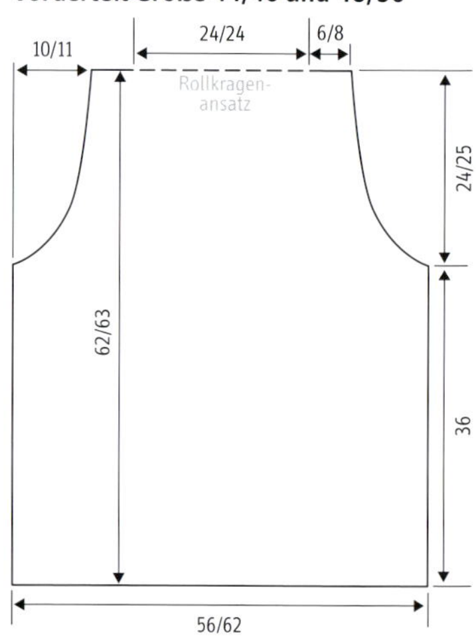

Alle Angaben in cm.

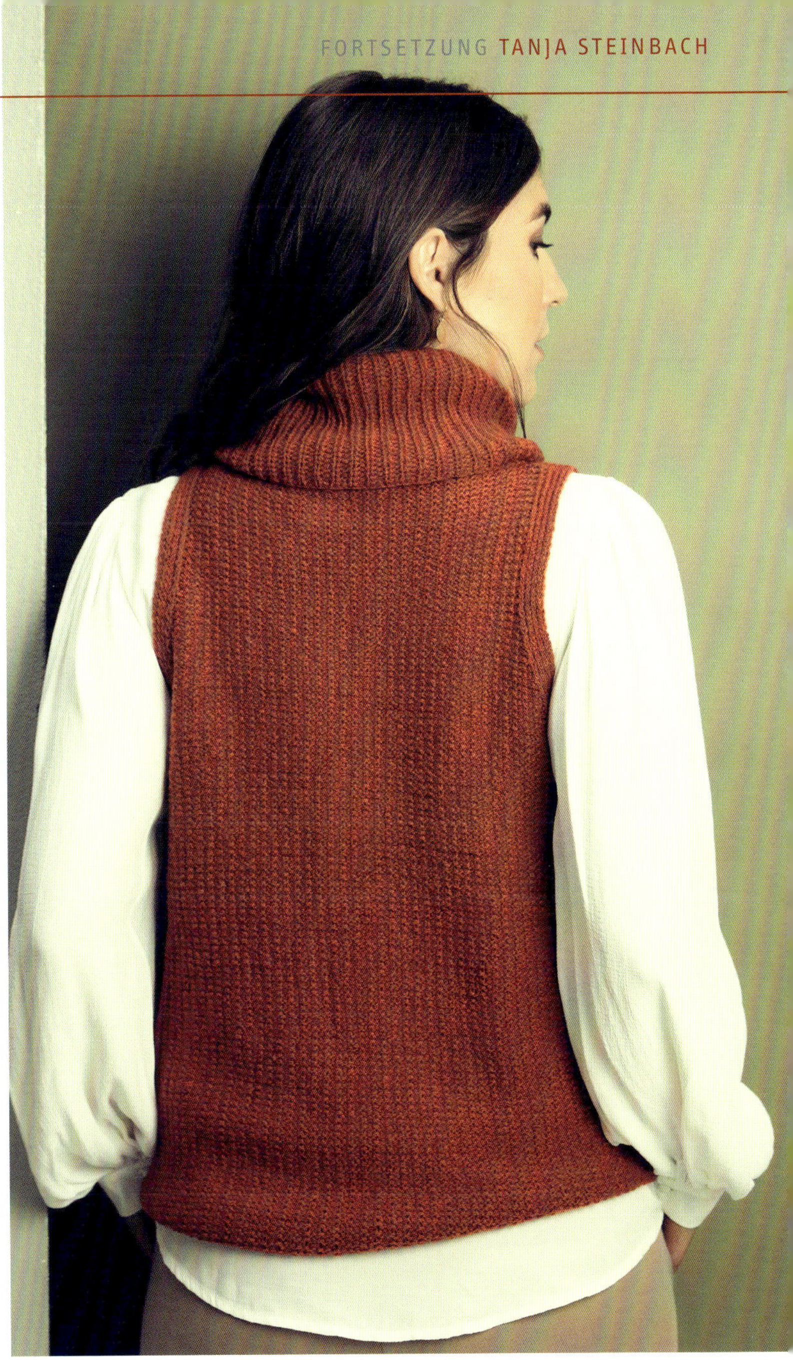

VORDERTEIL

Hinweis: Größenbedingt ist das Vorderteil für die Größen 44/46 und 48/50 etwas länger als das Rückenteil, siehe Anleitung.

Für Größe 36/38 und 40/42 das Vorderteil wie das Rückenteil arb.
Für Größe 44/46 und 48/50 im Bereich der Armausschnitte 2 cm mehr Länge einarb. Dafür wie beim Rückenteil beschrieben beginnen, für Größe 44/46 jedoch erst in 26 cm ab Armausschnittbeginn für die Schultern beidseitig jeweils 14 M gerade abk und die restlichen 61 M stilllegen. Für Größe 48/50 erst in 27 cm ab Armausschnittbeginn für die Schultern beidseitig jeweils 20 M gerade abk und die restlichen 61 M stilllegen.

FERTIGSTELLEN

Die Teile spannen, anfeuchten und trocknen lassen. Schulter- und Seitennähte schließen.
Für den Rollkragen die stillgelegten jeweils 57/57/61/61 M von Vorder- und Rückenteil mit der 50 cm kurzen Rundstricknd oder verteilt auf 4 Spielnd auffassen und zur Rd schließen. Der Rd-Beginn liegt an einer der beiden Schulternähte. Im Halbpatentmuster in Rd weiterstr, dabei in der 1. Rd die aufeinandertreffenden Rdm bzw. die beiden M im Bereich der Schulternaht mustergemäß rechts bzw. links zusammenstr (= 112/112/120/120 M bzw. 28/28/30/30 M je Nd). Nach 24 cm im Halbpatentmuster, nach einer 2. Rd des Musters, noch 1 Rd 1 M rechts, 1 M links im Wechsel str und die M dabei locker abk. Alle Fäden vernähen. Den Rollkragen zur Hälfte nach außen umschlagen.

Hinweis: Bitte die separate Schnittskizze für das Vorderteil Größe 44/46 und 48/50 beachten.

PLAYFUL FLOWERS

Split Hem und zarte Stickerei

GRÖSSEN

36/38, 40/42, 44/46, 48/50

Die Angaben für die einzelnen Größen stehen im Folgenden hintereinander, jeweils durch Schrägstriche getrennt. Steht nur eine Angabe, gilt diese für alle Größen.

Brustumfang inkl. Mehrweite: 104/112/120/128 cm
Gesamtlänge Vorderteil: 59/61/64/67 cm

MATERIAL

- Lang Yarns Malou Light (LL 190 m/50 g) in Beige (Fb 26), 200/250/250/300 g
- Lang Yarns Quattro (LL 120 m/50 g) in Tanne (Fb 318), Schlamm (Fb 99), Terracotta (Fb 175), Rosa Hell (Fb 109), Altrosa (48), Salbei (Fb 58) und Senf (Fb 11), Reste
- Rundstricknadeln 4,0 mm und 4,5 mm, jeweils 80 cm lang
- Wollnadel ohne Spitze

MASCHENPROBE

Glatt rechts mit Nd 4,5 mm
20 M und 26 R = 10 cm x 10 cm

STICKMUSTER

Vorlagenbogen

RANDMASCHEN

Kettrand: Entlang der Bündchen und der Armausschnitte beider Kanten einen Kettrand arb. Dafür die erste M jeder R wie zum Rechtsstr abheben und die letzte M jeder R links str.

Nahtrand: Entlang des glatt rechts gestrickten Teils des Vorder- und Rückenteils und der Halsausschnitte einen Nahtrand arb. Die erste und letzte M in den Hinr rechts str, in den Rückr links str.

GLATT RECHTS

In Hinr rechte M, in Rückr linke M str.

RIPPENMUSTER

Ungerade M-Zahl.

Hinr: 1 M rechts, 1 M links im Wechsel str, enden mit 1 M rechts.

Rückr: 1 M links, 1 M rechts im Wechsel str, enden mit 1 M links.

Diese beiden R fortlaufend wdh.

RIPPENMUSTER

Gerade M-Zahl.

Hinr und Rückr: 1 M rechts, 1 M links im Wechsel str.

BETONTE ABNAHMEN (Armausschnitte)

1 Rdm, 8 M Rippenmuster, 2 M rechts zusammenstr, bis 11 M vor R-Ende glatt rechts str, 2 M rechts überzogen zusammenstr, 8 M Rippenmuster, 1 Rdm.

BETONTE ZUNAHMEN (Bündchen Vorderteil)

Hinr: 1 Rdm, 1 M rechts, 1 M links, 1 M rechts, 1 M rechtsgeneigt zunehmen, bis 4 M vor R-Ende das Rippenmuster fortführen, 1 M linksgeneigt zunehmen, 1 M rechts, 1 M links, 1 M rechts, Rdm.

In der Rückr die zugenommenen M entsprechend im Rippenmuster ergänzen.

1 MASCHE AUS DEM QUERFADEN ZUNEHMEN

Rechtsgeneigt: Den Querfaden zwischen 2 M von hinten auf die linke Nd-Spitze nehmen und mit der rechten Nd rechts abstr.

Linksgeneigt: Den Querfaden zwischen 2 M von vorn auf die linke Nd-Spitze nehmen und mit der rechten Nd rechts verschränkt abstr.

BETONTE ABNAHMEN (Vorderteil Halsausschnitt, rechte Innenkante)

Hinr: 2 M rechts, 2 M rechts überzogen zusammenstr und mustergemäß bis R-Ende str.

Rückr: Alle M rechts str.

BETONTE ABNAHMEN (Vorderteil Halsausschnitt, linke Innenkante)

Hinr: Bis 4 M vor R-Ende mustergemäß str, 2 M rechts zusammenstr, 2 M rechts.

Rückr: Alle M rechts str.

2 MASCHEN RECHTS ÜBERZOGEN ZUSAMMENSTRICKEN

1 M wie zum Rechtsstr abheben, die nächste M rechts str, dann die abgehobene M überziehen.

... weiter geht es auf Seite 30

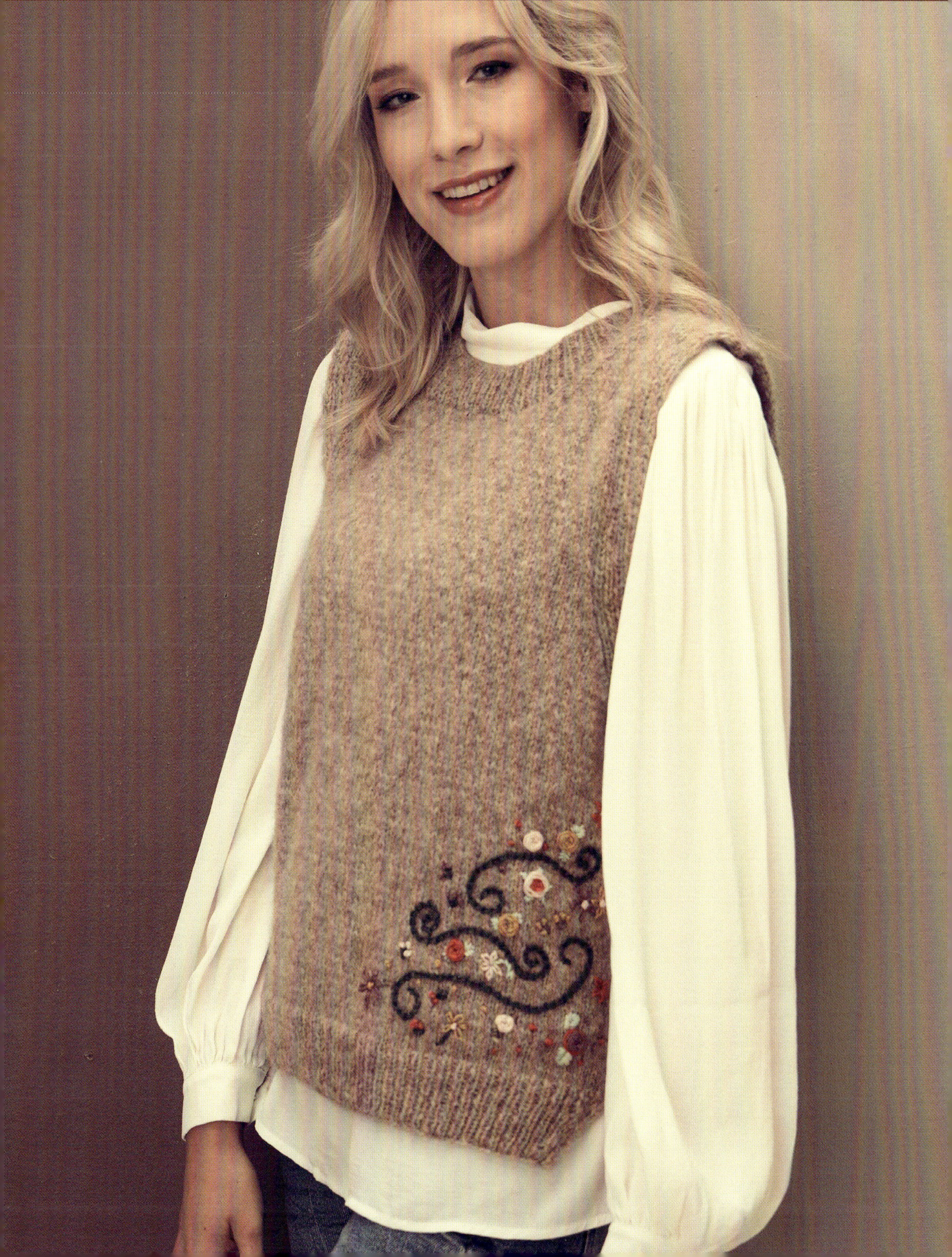

ANLEITUNG

RÜCKENTEIL

Mit Malou Light und Nd 4,0 mm 103/111/119/127 M anschl und im Rippenmuster str, dabei mit 1 Rückr und Rdm (Kettrand), 1 M links beginnen. In einer Höhe von 12 cm mit Nd 4,5 mm glatt rechts weiterarb, dabei die Rdm als Nahtrand arb. In einer Höhe von 38/38/39/40 cm die M wie folgt einteilen: Rdm (Kettrand), 8 M Rippenmuster, dabei mit 1 M rechts beginnen, bis 9 M vor R-Ende glatt rechts str, 8 M Rippenmuster, dabei mit 1 M links beginnen, Rdm (Kettrand). Für die Armausschnitte in dieser und jeder folgenden 2. R beidseitig insgesamt 10/10/12/12 M betont abnehmen (= 83/91/95/103 M). In einer Höhe von 63/65/67/70 cm für den Halsausschnitt die mittleren 33/37/41/45 M abk und die Seiten getrennt beenden. An der inneren Kante für die Ausschnittschrägung in jeder Hinr 1x 4 M und 1x 3 M abk. In einer Höhe von 65/67/70/73 cm die restlichen 18/20/20/22 M gerade abk. Für die andere Seite den Faden an der inneren Kante neu anschlingen, mit einer Rückr beginnend die andere Seite gegengleich beenden, die Abnahmen für die Ausschnittrundung entsprechend zu Beginn der Rückr arb.

VORDERTEIL

In Malou Light und Nd 4,0 mm 95/103/111/119 M anschl und 3 R im Rippenmuster str, dabei mit 1 Rückr und Rdm (Kettrand), 1 M links beginnen. In der nächsten R mit den seitlichen Zunahmen für die Schrägung des Bündchens beginnen. Dafür in der nächsten und jeder folgenden 4. R 4x betonte Zunahmen arb (= 103/111/119/127 M). In einer Höhe von 6 cm mit Nd 4,5 mm glatt rechts weiterarb, dabei die Rdm als Nahtrand arb. Die Armausschnitte wie beim Rückenteil arb. In einer Höhe von 47/49/51/53 cm für den Halsausschnitt die mittleren 25/29/31/33 M abk und die Seiten getrennt beenden. Für die

Vorderteil

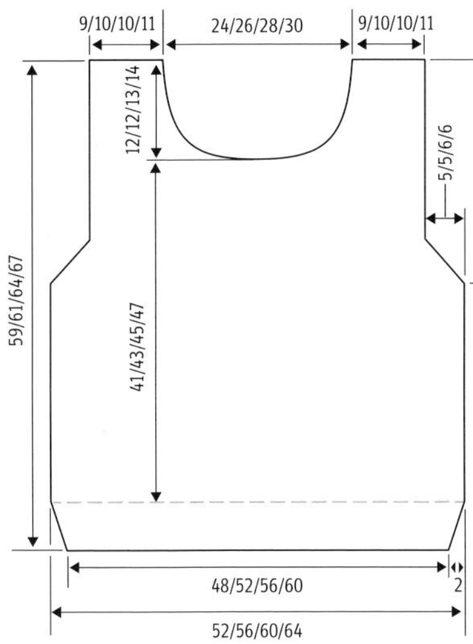

Rückenteil

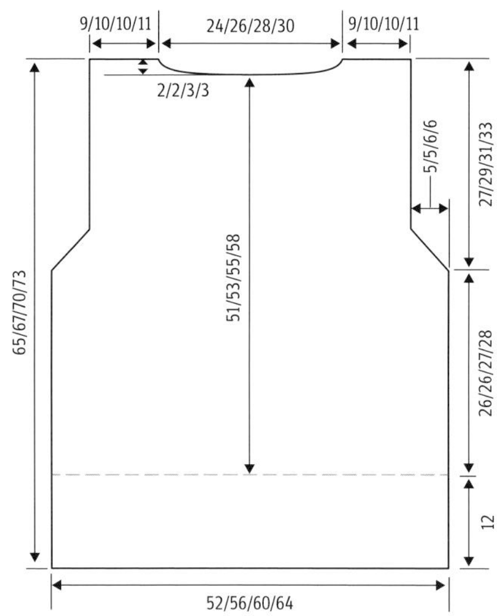

Alle Angaben in cm.

Ausschnittschrägung an der inneren Kante zunächst 3 M abk. Weiter an der inneren Kante zu Beginn jeder Hinr 8x/8x/9x/10x 1 M betont abnehmen. In einer Gesamthöhe von 59/61/64/67 cm die restlichen 18/20/20/22 M abk. Für die andere Seite den Faden an der inneren Kante neu anschlingen, mit einer Rückr beginnend die andere Seite gegengleich beenden, die Abnahmen für die Ausschnittrundung am Ende der Hinr arb.

FERTIGSTELLEN

Beide Teile anfeuchten, gemäß Schnittzeichnung spannen und trocknen lassen. Die linke Schulternaht schließen. Für das Halsbündchen mit Malou Light und Nd 4,0 mm aus der Ausschnittkante gleichmäßig verteilt 120/128/144/156 M auffassen und 4 cm im Rippenmuster str. In einer Rückr alle M abk. Die rechte Schulternaht und die Querseite des Halsbündchens schließen. Die Seitennähte schließen, dabei die Teile so aufeinanderlegen, dass das Rückenteil 6 cm länger ist. Die Seitennaht nach den Bündchen beginnen und so einen kleinen Schlitz über die Länge des Bündchens geöffnet lassen. Mit Quattro in den angegebenen Fb auf die untere linke Ecke entweder gemäß Stickvorlage und Fotos oder nach Belieben die Stickereien arb.

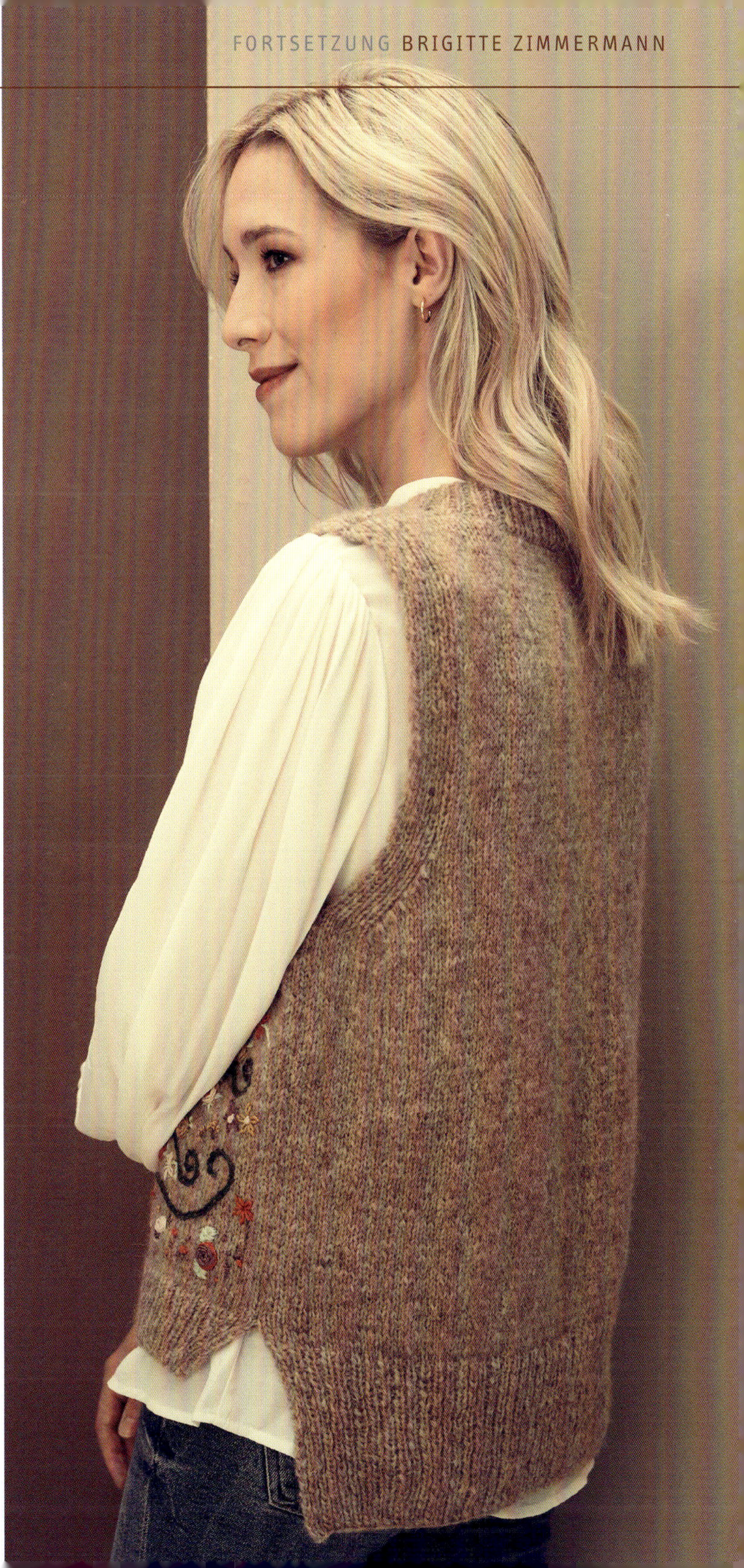

FAIR-ISLE-DREAM

traumhaft schönes Farbenspiel

GRÖSSEN
36/38, 40/42, 44/46, 48/50

Die Angaben für die einzelnen Größen stehen im Folgenden hintereinander, jeweils durch Schrägstriche getrennt. Steht nur eine Angabe, gilt diese für alle Größen.

Brustumfang inkl. Mehrweite: 112/120/128/132 cm

Gesamtlänge: 60/61/62/63 cm

MATERIAL

- BC Garn Northern Lights (LL 200 m/100 g) in Cream (Fb 01), 300/300/300/400 g, und in Mink (Fb 06), 200/200/300/300 g
- Rundstricknadeln 5,0 mm, 60 cm und 80 cm lang
- Wollnadel ohne Spitze

MASCHENPROBE
Glatt rechts mit Nd 5,0 mm
15 M und 22 R = 10 cm x 10 cm

RIPPENMUSTER

In den Hinr 1 M rechts, 1 M links im Wechsel str.
In den Rückr alle M str, wie sie erscheinen.

GLATT RECHTS

In Hinr rechte M, in Rückr linke M str, bzw. in Rd alle M rechts str.

1 MASCHE AUS DEM QUERFADEN ZUNEHMEN

Linksgeneigt: Den Querfaden zwischen 2 M von vorn auf die linke Nd-Spitze nehmen und mit der rechten Nd rechts verschränkt abstr.
Rechtsgeneigt: Den Querfaden zwischen 2 M von hinten auf die linke Nd-Spitze nehmen und mit der rechten Nd rechts abstr.

FAIR-ISLE-MUSTER

Glatt rechts nach dem Zählmuster str. Das Zählmuster zeigt die Hin- und Rückreihen, wie sie auf der Vorderseite der Arbeit erscheinen. Mit der M beginnen, die in der Anleitung angegeben wird, bis zum Ende des Zählmusters str, dann den Rapport von 17 M fortlaufend wdh und mit der M enden, die in der Anleitung angegeben wird. Die 1.-32. R des Zählmusters 1x str.

Zählmuster

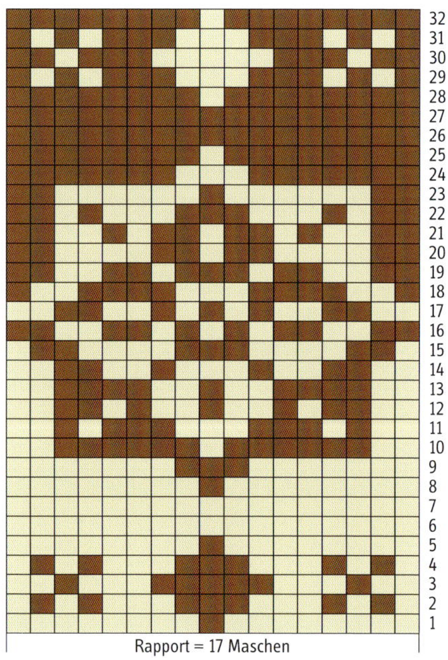

= 1 Masche in Mink
= 1 Masche in Cream

... weiter geht es auf Seite 34

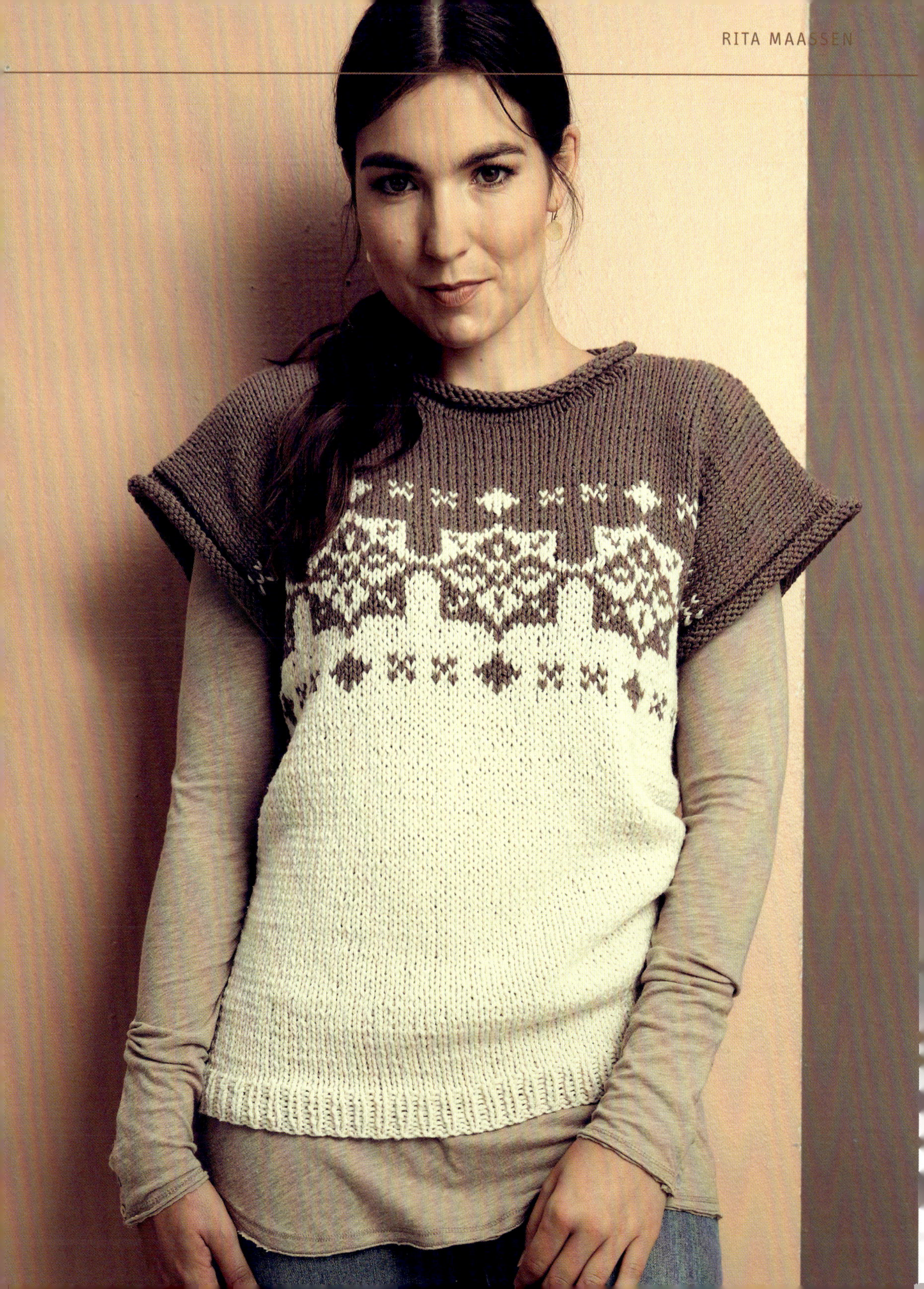

ANLEITUNG

RÜCKENTEIL

Mit der längeren Rundstricknd in Cream 75/81/87/93 M anschl und für den Bund 4 cm (= 8 R) im Rippenmuster str. Anschließend glatt rechts weiterstr, dabei für die Seitenschrägung nach 10 R ab Bund beidseitig 1 M zunehmen wie folgt: 1 M rechts str, 1 M rechtsgeneigt aus dem Querfaden zunehmen, rechte M str bis 1 M vor R-Ende, dann 1 M linksgeneigt aus dem Querfaden zunehmen, 1 M rechts. Diese beidseitigen Zunahmen noch 4x in jeder 12. R wdh (= 85/91/97/103 M). Nach 28 cm (= 62 R) ab Bund im Fair-Isle-Muster weiterstr, dabei mit der 1./15./12./9. M des Zählmusters beginnen und mit der 17./3./6./9. M des Zählmusters enden. Die 1.-32. R des Zählmusters 1x str, dann glatt rechts in Mink weiterarb. Nach 56/57/58/59 cm (= 124/126/128/130 R) ab Bund alle M abk.

VORDERTEIL

Wie das Rückenteil str, jedoch mit Halsausschnitt. Dafür nach 50/51/52/53 cm (= 110/112/114/116 R) ab Bund die mittleren 13/15/17/19 M abk und beide Seiten getrennt weiterstr. Für die Ausschnittrundung am inneren Rand in jeder 2. R noch 3x 2 M und 3x 1 M abk. Nach 56/57/58/59 cm (= 124/126/128/130 R) ab Bund die restlichen je 27/29/31/33 Schulter-M abk.

FERTIGSTELLEN

Die Teile auf die angegebenen Maße spannen, anfeuchten und trocknen lassen. Schulternähte schließen. Seitennähte schließen, dabei die oberen 24/25/26/27 cm für die Armausschnitte offen lassen.
Aus dem Halsausschnitt mit der kürzeren Rundstricknd 74/78/82/86 M in Mink auffassen, zur Rd schließen und für das Rollbündchen 8 Rd glatt rechts str. Alle M abk.
Aus den Armausschnitten mit der kürzeren Rundstricknd jeweils 70/74/78/82 M auffassen, zur Rd schließen und für das Rollbündchen 8 Rd glatt rechts str. Alle M abk. Alle Fäden vernähen.

Vorderteil

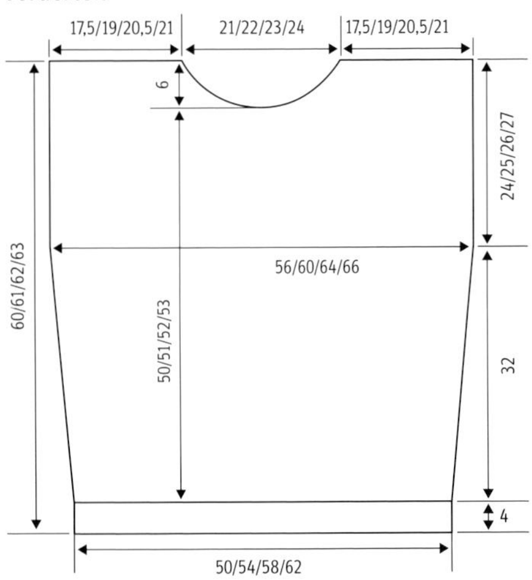

Rückenteil

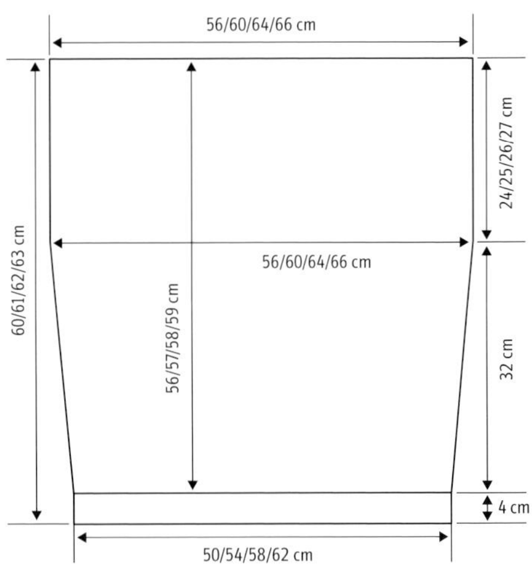

Alle Angaben in cm.

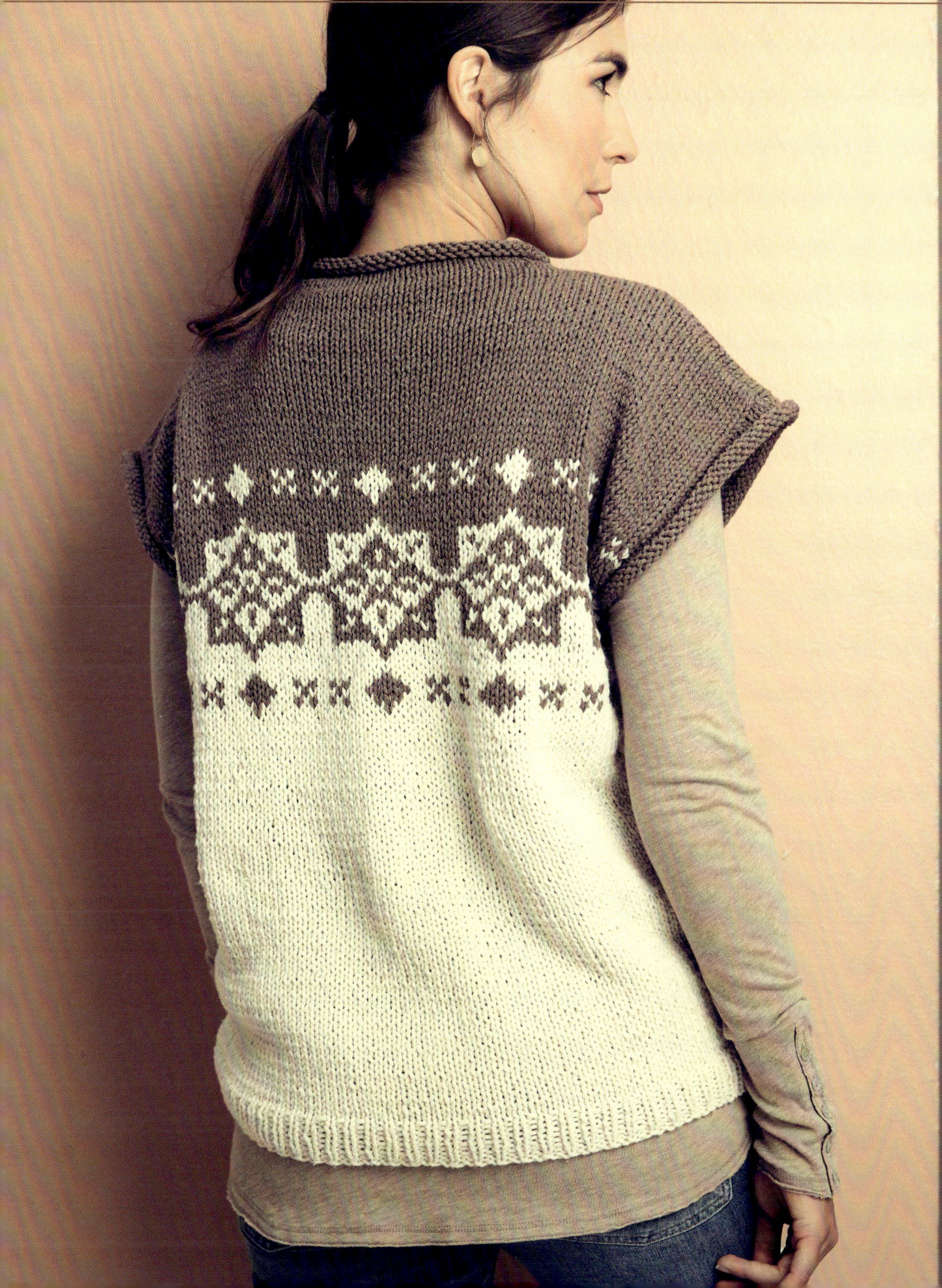

CHUNKY STRIPES

coole Blockstreifen mit V-Neck

GRÖSSEN

36/38, 40/42, 44/46, 48/50

Die Angaben für die einzelnen Größen stehen im Folgenden hintereinander, jeweils durch Schrägstriche getrennt. Steht nur eine Angabe, gilt diese für alle Größen.

Brustumfang inkl. Mehrweite: 90/100/112/125 cm

Gesamtlänge: 53/55/57/59 cm

MATERIAL

- Lana Grossa Alta Moda Cashmere 16 (LL 110 m/50 g) in Hellgrau meliert (Fb 01), 150/200/200/250 g, und Nachtgrau (Fb 13), 100/150/150/200 g
- Rundstricknadel 8,0 mm, mind. 80 cm lang
- Rundstricknadel 6,0 mm, mind. 80 cm lang
- zusätzliche Rundstricknadel 6,0-8,0 mm
- Wollnadel ohne Spitze
- 2 Maschenmarkierer
- evtl. Stecknadeln oder Spanndrähte sowie Spannunterlage

MASCHENPROBE

Glatt rechts mit Nd 8,0 mm
15 M und 24 R = 10 cm x 10 cm

GLATT RECHTS

In Hinr rechte M, in Rückr linke M str, bzw. in Rd alle M rechts str.

BÜNDCHENMUSTER

1 M rechts, 1 M links im Wechsel str.

2 MASCHEN RECHTS ÜBERZOGEN ZUSAMMENSTRICKEN

1 M wie zum Rechtsstr abheben, die nächste M rechts str, dann die abgehobene M überziehen.

3 MASCHEN MIT AUFLIEGENDER MITTELMASCHE ZUSAMMENSTRICKEN

2 M gleichzeitig wie zum Rechtsstr abheben, 1 M rechts str, dann die beiden abgehobenen M überziehen. Es wurden 2 M abgenommen.

FARBFOLGE

Es werden durchgehend 2 Rd/R in Hellgrau und 2 Rd/R in Nachtgrau im Wechsel gearbeitet. Der jeweils andere Faden wird locker hinter der Arbeit bzw. am Rand mitgeführt.

ANLEITUNG

ANSCHLAG UND BÜNDCHEN

Mit Nd 6,0 mm in Hellgrau meliert 136/152/168/188 M im italienischen Anschlag anschl, zur Rd schließen und 4,5 cm im Bündchenmuster arb.

Hinweis: Wer keinen italienischen Anschlag arb möchte, schlägt stattdessen 136/152/168/188 M mit Nd 6,0 mm im Kreuzanschlag an, schließt zur Rd und arbeitet 4,5 cm im Bündchenmuster.

... weiter geht es auf Seite 38

MEIN TIPP FÜR SIE

So geht's auch Alternativ zum italienischen Anschlag und für das italienische Abketten kann zum Beispiel auch der Kreuzanschlag und die Standard-Abkettmethode verwendet werden.

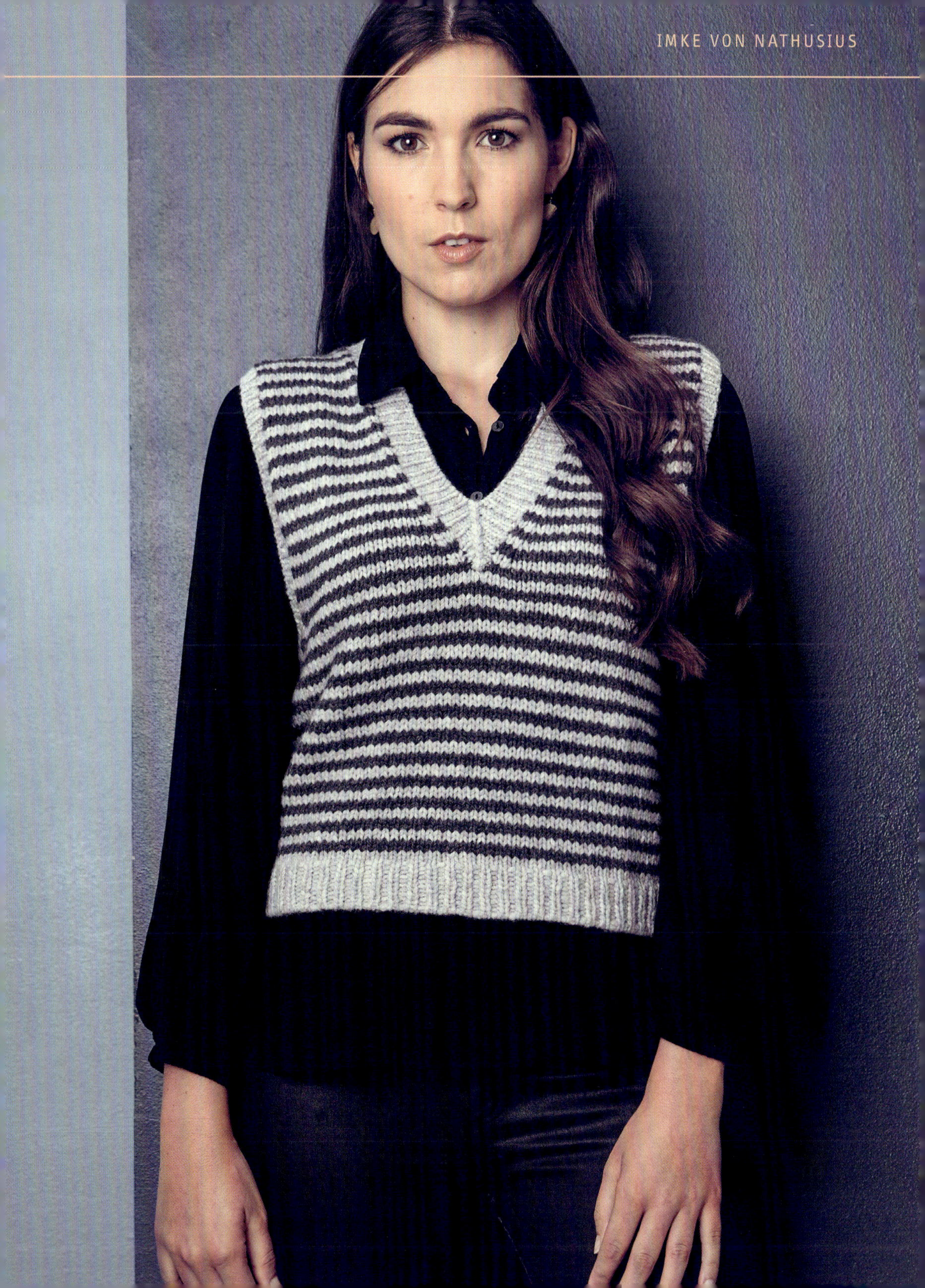

Vorder- und Rückenteil

Zu Nd 8,0 mm wechseln und glatt rechts in Rd str, hierbei abwechselnd 2 Rd Hellgrau meliert und 2 Rd Nachtgrau arb, am Rd-Beginn sowie nach der Hälfte der M je einen M-Markierer für die Seiten setzen. Bei einer Seitenlänge von 22/23/24/25 cm (gemessen ab Anschlagkante) mit der Ausformung der Armausschnitte beginnen. Hierfür werden Vorder- und Rückenteil wie folgt separat beendet: 1 Rd Nachtgrau bis 2 M vor Rd-Beginn str, 4 M abk, bis 2 M vor dem M-Markierer rechts str (die 64/72/80/90 Vorderteil-M können auf einem Hilfsfaden stillgelegt oder auf der Nd belassen werden), 4 M abk, bis zum Ende rechts str (Rückenteil).

Rückenteil

Weiterhin abwechselnd 2 R in Hellgrau meliert und 2 R in Nachtgrau str. In jeder 2. R (Hinr) für den Armausschnitt M wie folgt abnehmen: * 1 Rückr linke M str, die Arbeit wenden, 2 M rechts str, 2 M rechts überzogen zusammenstr, bis zu den letzten 4 M rechts str, 2 M rechts zusammenstr, 2 M rechts str, ab * noch 3x/4x/5x/6x wdh (= 8/10/12/14 Abnahmen insgesamt, es sind noch 56/62/68/76 M auf der Nd). Wenn eine Armausschnitthöhe von 31/32/33/34 cm erreicht ist, in einer Hinr in Nachtgrau 12/15/18/22 M rechts str, die nächsten 32 M abk und die letzten 12/15/18/22 M rechts str. Die Schulter-M können auf Hilfsfäden stillgelegt werden.

Vorder- und Rückenteil

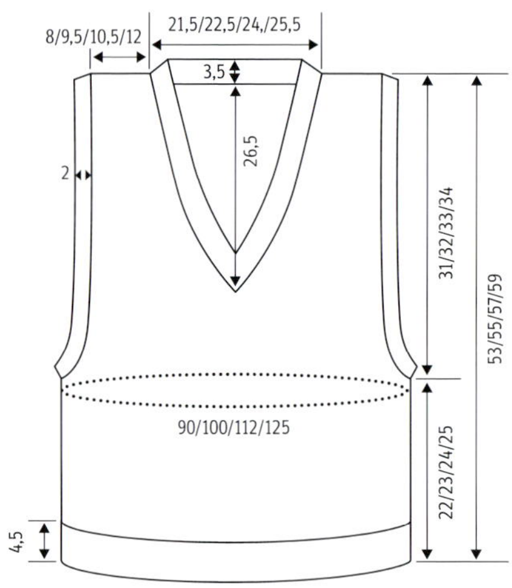

Alle Angaben in cm.

Vorderteil

Die 64/72/80/90 M für das Vorderteil in Arbeit nehmen und mit den Abnahmen für die Armlöcher in Hellgrau meliert beginnen: * 1 Rückr linke M str, die Arbeit wenden, 2 M rechts str, 2 M rechts überzogen zusammenstr, bis zu den letzten 4 M rechts str, 2 M rechts zusammenstr, 2 M rechts str, ab * noch 3x/4x/5x/6x wdh (= 8/10/12/14 Abnahmen insgesamt, es sind noch 56/62/68/76 M auf der Nd).

V-Ausschnitt

Rechtes Vorderteil

In der nächsten Rückr 28/31/34/38 M (genau bis zur Mitte) links str (die übrigen 28/31/34/38 M können auf der Nd belassen oder auf einem Hilfsfaden stillgelegt werden), die Arbeit wenden. * 2 M rechts str, 2 M rechts überzogen zusammenstr, bis zum R-Ende rechte M str. 1 Rückr linke M str, 1 Hinr rechte M str, 1 Rückr linke M. Ab * noch 15x wdh (= 16 Abnahmen, in jedem Streifen Hellgrau meliert 1 Abnahme, es sind noch 12/15/18/22 M auf der Nd). Die M nicht abk, sondern auf der Nd belassen oder auf einem Hilfsfaden stilllegen.

Linkes Vorderteil

Die 28/31/34/38 M für das linke Vorderteil in Arbeit nehmen und von der Innenseite mit Hellgrau meliert beginnen, 1 Rückr linke M str, die Arbeit wenden. * Bis zu den letzten 4 M rechts str, 2 M rechts zusammenstr, 2 M rechts.

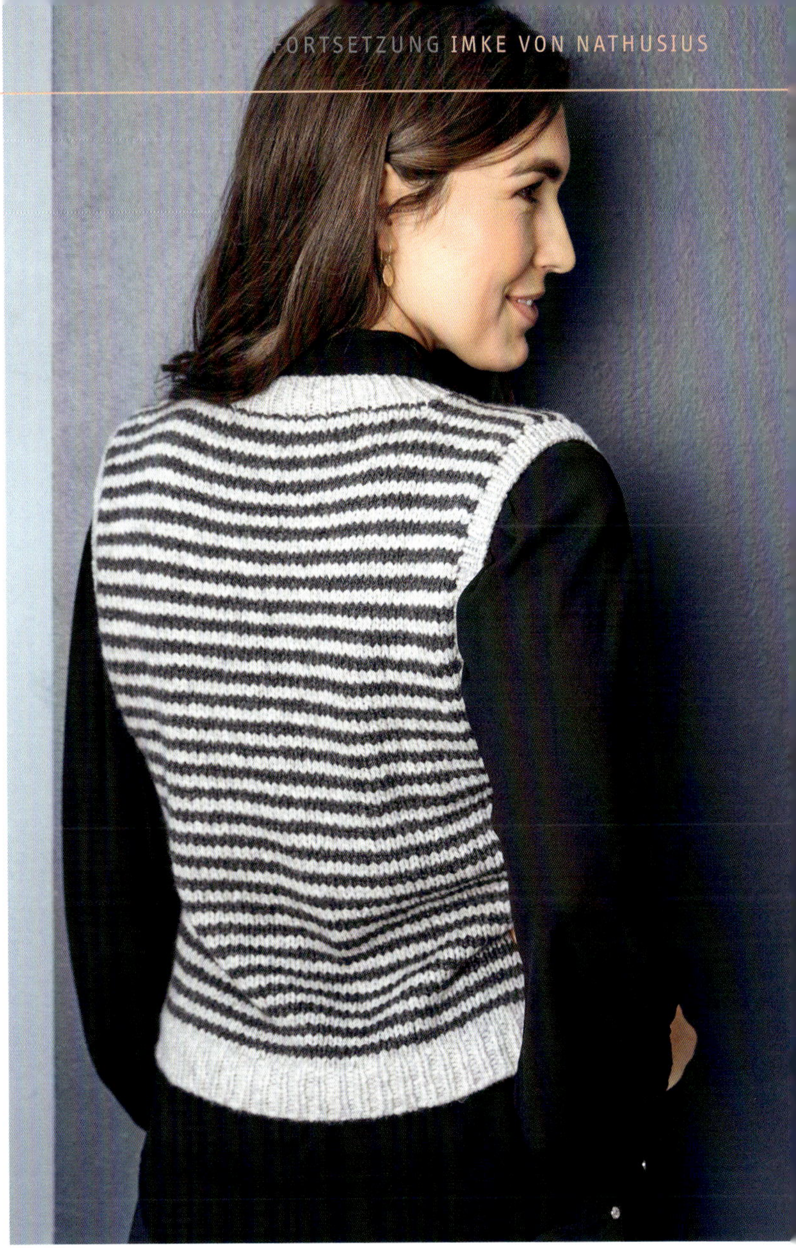

1 Rückr linke M str, 1 Hinr rechte M str, 1 Rückr linke M str. Ab * noch 15x wdh (= 16 Abnahmen, in jedem Streifen Hellgrau meliert 1 Abnahme, es sind noch 12/15/18/22 M auf der Nd). Die M nicht abk, sondern auf der Nd belassen oder auf einem Hilfsfaden stilllegen.

SCHULTERNÄHTE

Arbeit wenden, sodass Vorder- und Rückenteil rechts auf rechts liegen.

Linke Schulter

Die rückwärtigen und vorderen Schulter-M auf 2 Nd aufnehmen, mit der Drei-Nd-Technik abk: Beide Nd-Spitzen zeigen nach rechts. Mit einer dritten Nd wie zum Rechtsstr jeweils in die 1. M auf beiden Nd einstechen. Beide M zusammenstr und von den Nd gleiten lassen. Für die 2. M beider Nd wdh. Nun die 1. M auf der rechten Nd über die 2. M ziehen und diese so abk. * Wieder die jeweils 1. M beider Nd zusammenstr, dann die 1. M der rechten Nd über die 2. M ziehen. Ab * wdh, bis alle M abgekettet sind.

Rechte Schulter

Wie die linke Schulter schließen, danach die Arbeit wieder wenden.

FERTIGSTELLEN

Für den Halsabschluss an der linken Schulternaht beginnen und gleichmäßig 132 M entlang des kompletten V-Ausschnitts in Hellgrau meliert auffassen, hierbei 1 M genau mittig in der unteren Spitze platzieren. Nun im Bündchenmuster in Rd arb und in jeder Rd die 3 um die V-Spitze zentrierten M mit aufliegender Mittel-M zusammenstr. Nach ca. 3,5 cm nach der italienischen oder der Standard-Abkettmethode abk.

Für den Armabschluss 122/124/126/128 M entlang des Armausschnitts auffassen und im Bündchenmuster in Rd arb. Nach ca. 2 cm nach der italienischen oder der Standard-Abkettmethode abk.

Den Slipover waschen und den Maßen entsprechend spannen.

FAIRY FLOUNCE

verträumt mit Volant

GRÖSSEN
36/38, 40/42, 44/46, 48/50

Die Angaben für die einzelnen Größen stehen im Folgenden hintereinander, jeweils durch Schrägstriche getrennt. Steht nur eine Angabe, gilt diese für alle Größen.

Brustumfang inkl. Mehrweite: 90/100/112/125 cm
Gesamtlänge, seitlich gemessen: 51/54/56,5/59,5 cm (ohne Volant)

MATERIAL

- Lana Grossa About Berlin Vanity (LL 100 m/50 g) in Orange/Graugrün/Vanille/Rotbraun bunt (Fb 04), 250/300/350/400 g
- Rundstricknadel 5,0 mm, mind. 80 cm lang
- zusätzliche Stricknadel 4,0-6,0 mm (für die Drei-Nadel-Technik, Schließen der Schulternaht)
- 2 Maschenmarkierer
- Wollnadel ohne Spitze
- evtl. Stecknadeln oder Spanndrähte sowie Spannunterlage

MASCHENPROBE
Glatt rechts mit Nd 5,0 mm
18 M und 26 R = 10 cm x 10 cm

GLATT RECHTS

In Hinr rechte M, in Rückr linke M str, bzw. in Rd alle M rechts str.

KRAUS RECHTS

In Hin- und Rückr rechte M str.

DOPPELMASCHEN

(verkürzte Reihen)

1 Dm arb: Die Nd in die nächste M wie zum Linksstr einstechen, Faden von vorne nach hinten über die Arbeit ziehen, die entstandene Dm hierbei auf die rechte Nd gleiten lassen.

2 MASCHEN RECHTS ÜBERZOGEN ZUSAMMENSTRICKEN

1 M wie zum Rechtsstr abheben, die nächste M rechts str, dann die abgehobene M überziehen.

ANLEITUNG

Begonnen wird mit dem quergestrickten Volant, aus dessen oberer Längskante M aufgenommen werden, um den Slipover von unten nach oben in Rd zu arb. Optional kann auf den Volant und/oder den High-Low-Saum verzichtet werden.

Hinweis: Wer den Slipover ohne Volant str möchte: Einfach 178/196/220/244 M im Kreuzanschlag anschl, zur Rd schließen, 1 Rd rechte M str und in der Beschreibung bei Vorder- und Rückenteil beginnen.

VOLANT

19 M im Kreuzanschlag anschl und 534/588/660/732 R kraus rechts str (= 267/294/330/366 Kraus-rechts-Rippen). Dann die M abk und Anschlag- und Abkettreihe mit dem Matratzenstich verbinden (darauf achten, dass sich das Strickstück nicht verdreht). Nun aus einer der Längskanten 178/196/220/244 M auffassen (2 M auf 3 Kraus-rechts-Rippen).

VORDER- UND RÜCKENTEIL

1 Rd rechte M str, hierbei am Rd-Beginn sowie nach der Hälfte der M je einen M-Markierer für die Seiten setzen.

Hinweis: Wer den Slipover mit einem geraden Saum ohne High-Low-Effekt str möchte (mit oder ohne Volant), arbeitet in Rd glatt rechts und folgt der Anleitung ab **.

Mithilfe von verkürzten R (beschrieben sind German Short Rows mit Dm, jede andere Technik ist möglich) wird nun der High-Low-Saum geformt.
Am Rd-Beginn (rechte Seite) beginnen und * 59/65/74/82 M rechts str, die Arbeit wenden, 1 Dm arb, 28/31/36/40 M links str, die Arbeit wenden, 1 Dm arb. *
Von * bis * noch 11x/12x/11x/12x wdh, dabei jedoch immer bis zur jeweiligen Dm str. Jeweils 5/5/6/6 M über die letzte Dm hinaus str. Die Arbeit wenden. Die Dm immer wie eine einzelne M abstr.

... weiter geht es auf Seite 42

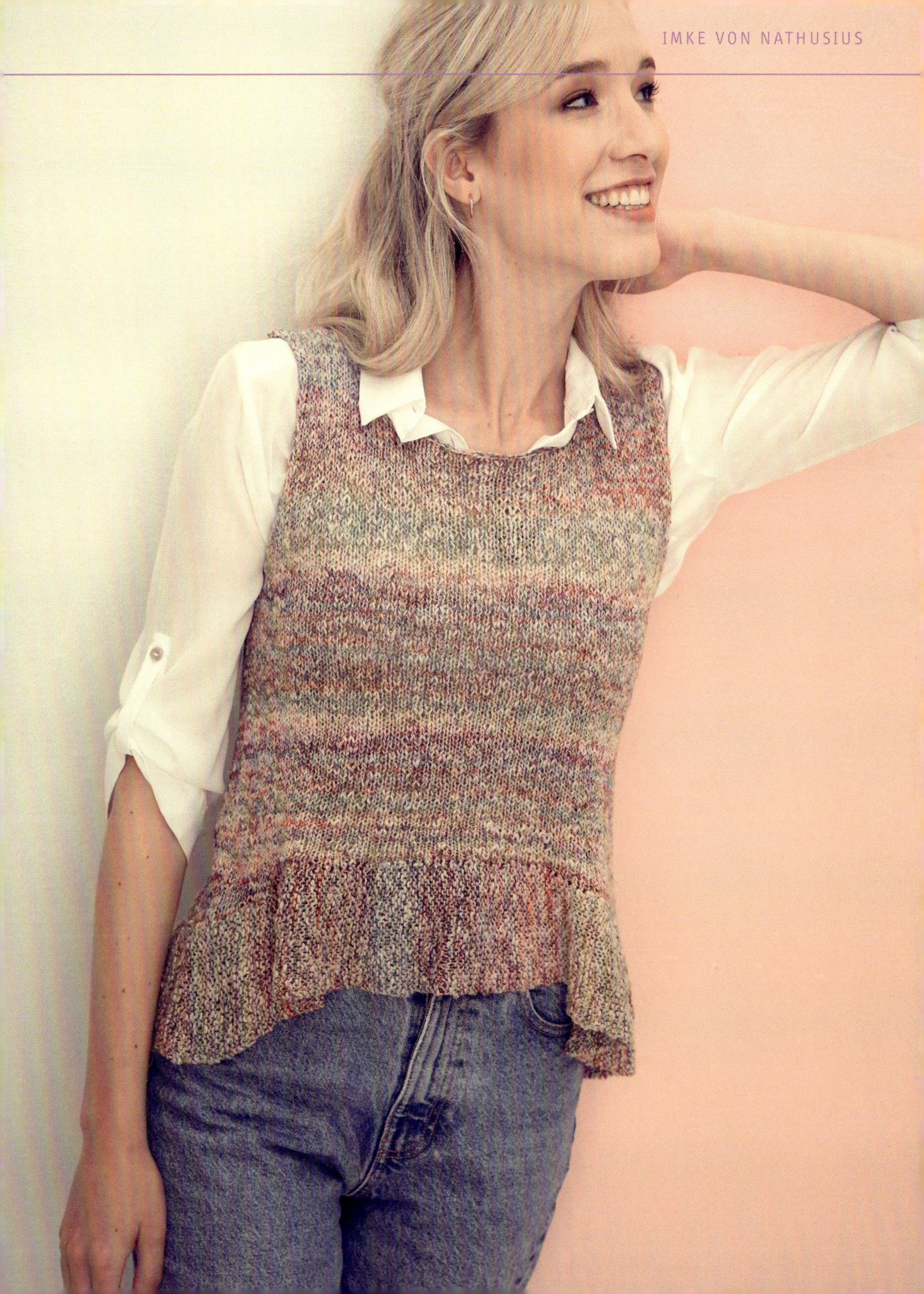

** Nun glatt rechts in Rd weiterarb. Wenn die Seitenlänge von 9 cm (gemessen ohne Volant) erreicht ist, mit den seitlichen Abnahmen beginnen: * 1 M rechts str, 2 M rechts zusammenstr, bis 3 M vor M-Markierer rechts str, 2 M rechts überzogen zusammenstr, 1 M rechts, ab * noch 1x wdh. Die Abnahme-Rd noch 3x/3x/4x/4x nach je 3 cm wdh. Es sind noch 162/180/202/226 M auf der Nd.

VORDERTEIL

Glatt rechts weiterstr und bei einer Seitenlänge von 28/29/30/31 cm (gemessen ohne Volant) mit den Armausschnitten beginnen. Hierfür werden Vorder- und Rückenteil separat beendet.

Vorbereitungs-Rd: * Bis 2 M vor den M-Markierer (linke Seite) rechte M str, 4 M abk (M-Markierer kann entfernt werden), ab * noch 1x wdh.

Die M für das Rückenteil stilllegen und die 77/86/97/109 M des Vorderteils in Arbeit nehmen. Es wird glatt rechts in R gearbeitet. Begonnen wird mit 1 Abnahme-R: * 1 M rechts str, 2 M rechts überzogen zusammenstr, rechts str bis 3 M vor R-Ende, 2 M rechts zusammenstr, 1 M rechts, die Arbeit wenden. 1 R linke M str. Ab * noch 3x/4x/5x/6x wdh (= insgesamt 8/10/12/14 Abnahmen, es sind noch 69/78/85/95 M auf der Nd). Weiter glatt rechts in R arb.

RECHTES VORDERTEIL

Bei einer Armausschnitthöhe von 11/12/13/14 cm in der nächsten Hinr 24/27/30/34 M rechts str (diese können auf einem Hilfsfaden stillgelegt oder auf der Nd belassen werden), die nächsten 45/51/55/61 M abk, 24/27/30/34 M rechts str, die Arbeit wenden. * 1 R linke M str, Arbeit wenden. Die 1. M abheben, 2 M rechts überzogen zusammenstr. Ab * noch 3x/4x/5x/6x wdh. Es sind noch 20/22/24/27 Schulter-M auf der Nd. Anschließend 3 cm glatt rechts str. Die Schulterschräge wird mit verkürzten R geformt. 1 Hinr rechte M str bis zu den letzten 7/8/8/9 M, die Arbeit wenden, 1 Dm arb, die R mit linken M beenden. Die Arbeit wenden, 1 Hinr rechte M str bis zu den letzten 14/15/16/18 M, die Arbeit wenden. 1 Dm arb, die R mit linken M beenden. 1 Hinr rechte M arb, dabei die Dm wie eine einzelne M abstr. Die M nicht abk, sondern auf der Nd belassen oder auf einem Hilfsfaden stilllegen.

LINKES VORDERTEIL

Die 24/27/30/34 M für das linke Vorderteil in Arbeit nehmen, von der Armausschnittseite beginnen. * 1 Rückr linke M str, die Arbeit wenden, 1 M rechts, 2 M rechts überzogen zusammenstr, ab * noch 3x/4x/5x/6x wdh (es sind noch 20/22/24/27 M auf der Nd). Dann 3 cm glatt rechts str. Nun die Schulterschräge mit verkürzten R formen. Hierfür in einer Rückr bis zu den letzten 7/8/8/9 M links str, die Arbeit wenden.

Vorder- und Rückenteil

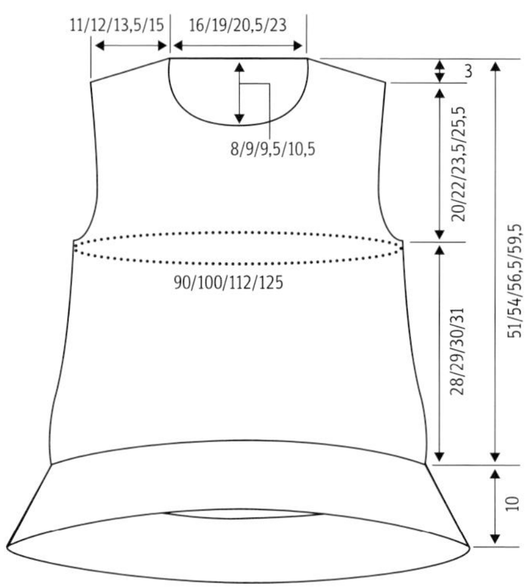

Alle Angaben in cm.

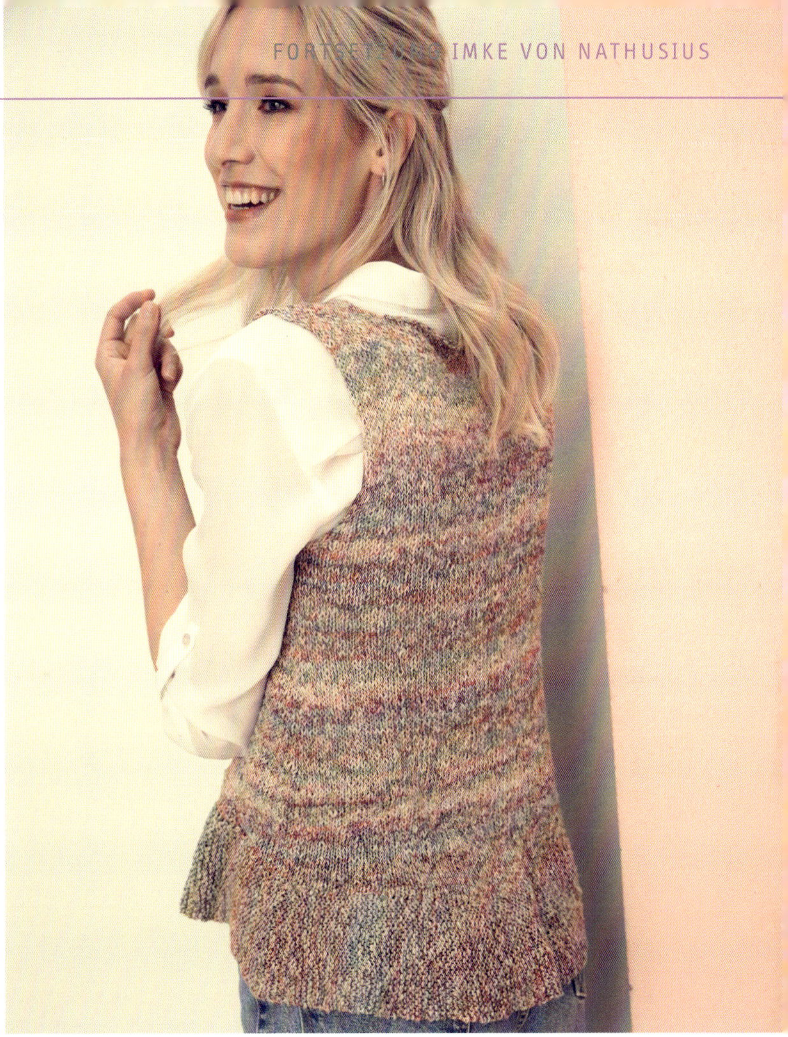

1 Dm arb, die R mit rechten M beenden. Die nächste Rückr bis zu den letzten 14/15/16/18 M links str, die Arbeit wenden. 1 Dm arb, die R mit rechten M beenden. 1 Rückr linke M arb, dabei die Dm wie eine einzelne M abstr. Die M nicht abk, sondern auf der Nd belassen oder auf einem Hilfsfaden stilllegen.

RÜCKENTEIL

77/86/97/109 M für das Rückenteil in Arbeit nehmen und mit einer Abnahme-R (Hinr) beginnen: * 1 M rechts str, 2 M rechts überzogen zusammenstr, rechte M str bis 3 M vor R-Ende, 2 M rechts zusammenstr, 1 M rechts, die Arbeit wenden, 1 R linke M str. Ab * noch 3x/4x/5x/6x wdh (= insgesamt 8/10/12/14 Abnahmen, es sind noch 69/78/85/95 M auf der Nd). Weiter glatt rechts in R arb. Nun wird in der gleichen Höhe mit der Schulterschrägung durch verkürzte R begonnen wie beim Vorderteil. In einer Hinr bis zu den letzten 7/8/8/9 M rechts str, die Arbeit wenden, 1 Dm arb, die R links str bis zu den letzten 7/8/8/9 M, die Arbeit wenden. 1 Dm arb, rechts str bis zu den letzten 14/15/16/18 M str, die Arbeit wenden, 1 Dm arb, bis zu den letzten 14/15/16/18 M links str, die Arbeit wenden, 1 Dm arb, die R mit rechten M beenden, die Arbeit wenden. 20/22/24/27 M links str, die mittleren 29/34/37/41 M abk, die R mit linken M beenden, die Dm wie eine einzelne M abstr. Die Schulter-M nicht abk, sondern auf der Nd belassen.

SCHULTERNÄHTE

Arbeit wenden, sodass Vorder- und Rückenteil rechts auf rechts liegen.

Linke Schulter

Die rückwärtigen und vorderen Schulter-M auf 2 Nd aufnehmen, mit der Drei-Nd-Technik abk: Beide Nd-Spitzen zeigen nach rechts. Mit einer dritten Nd wie zum Rechtsstr jeweils in die 1. M auf beiden Nd einstechen. Beide M zusammenstr und von den Nd gleiten lassen. Für die 2. M beider Nd wdh. Nun die 1. M auf der rechten Nd über die 2. M ziehen und diese so abk. * Wieder die jeweils 1. M beider Nd zusammenstr, dann die 1. M der rechten Nd über die 2. M ziehen. Ab * wdh, bis alle M abgekettet sind.

Rechte Schulter

Wie die linke Schulter schließen, danach die Arbeit wieder wenden.

FERTIGSTELLEN

Den Slipover waschen und den Maßen entsprechend spannen.

TRIPLE GREY

verspielte Hebemaschen mit V-Neck

GRÖSSEN
36/38, 40/42, 44/46, 48/50

Die Angaben für die einzelnen Größen stehen im Folgenden hintereinander, jeweils durch Schrägstriche getrennt. Steht nur eine Angabe, gilt diese für alle Größen.

Brustumfang inkl. Mehrweite: 99/106/116/124
Gesamtlänge: 60/62/64/66 cm

MATERIAL

- Erika Knight British Blue Wool (LL 200 m/50 g) in Steel (Fb 13), 100/150/200/250 g, in Natural undyed (Fb 01) und Frosty Green (Fb 08), je 50/100/150/200 g
- Rundstricknadeln 3,0 mm, 60 cm und 80 cm lang
- Hilfsnadel
- Wollnadel ohne Spitze

MASCHENPROBE
Im Hebemaschenmuster mit Nd 3,0 mm
24 M und 40 R
= 10 cm x 10 cm

RANDMASCHEN
Die erste und letzte M in den Hinr rechts str, in den Rückr links str.

RIPPENMUSTER IN REIHEN
In den Hinr 1 M rechts, 1 M links im Wechsel str, enden mit 1 M rechts.
In den Rückr alle M str, wie sie erscheinen.

RIPPENMUSTER IN RUNDEN
In jeder Rd 1 M rechts, 1 M links im Wechsel str.

GLATT RECHTS
In Hinr rechte M, in Rückr linke M str.

HEBEMASCHENMUSTER
1. R (Natur): * 1 M wie zum Linksstr abheben, dabei den Faden vor der M weiterführen, 1 M rechts, ab * fortlaufend wdh, enden mit 1 M wie zum Linksstr abheben, dabei den Faden vor der M weiterführen.
2. R (Frosty Green): Linke M str.
3. R (Steel): 1 M rechts, * 1 M wie zum Linksstr abheben, dabei den Faden vor der M weiterführen, 1 M rechts, ab * fortlaufend wdh.
4. R (Natur): Linke M str.
5. R (Frosty Green): Wie die 1. R str.
6. R (Steel): Linke M str.
7. R (Natur): Wie die 3. R str.
8. R (Frosty Green): Linke M str.
9. R (Steel): Wie die 1. R str.
10. R (Natur): Linke M str.
11. R (Frosty Green): Wie die 3. R str.
12. R (Steel): Linke M str.

Die 1.-12. R fortlaufend wdh.

3 MASCHEN MIT AUFLIEGENDER MITTELMASCHE ZUSAMMENSTRICKEN
2 M gleichzeitig wie zum Rechtsstr abheben, 1 M rechts str, dann die beiden abgehobenen M überziehen. Es wurden 2 M abgenommen.

ANLEITUNG

RÜCKENTEIL
Mit der längeren Rundstricknd 119/129/139/149 M in Steel anschl und für den Bund 14 R (= 4 cm) Rippenmuster str. Anschließend in folgender Einteilung weiterstr: 1 Rdm, im Hebemaschenmuster str bis 1 M vor R-Ende, 1 Rdm. Die Rdm werden immer in derselben Fb gestrickt wie die übrigen M der R. Für die Armausschnitte nach 37 cm (= 148 R) ab Bund beidseitig 4/5/5/6 M abk. Für die Armausschnittrundung am rechten und linken Rand in jeder 2. R beidseitig noch 1x 3/3/4/4 M, 1x 2 M und 3x 1 M abk (= 95/103/111/119 M). Im Hebemaschenmuster weiterstr, dabei die erste und letzte M in jeder R wieder als Rdm str.
Nach 19/20/21/22 cm (= 76/80/84/88 R) Armausschnitthöhe alle M abk.

... weiter geht es auf Seite 44

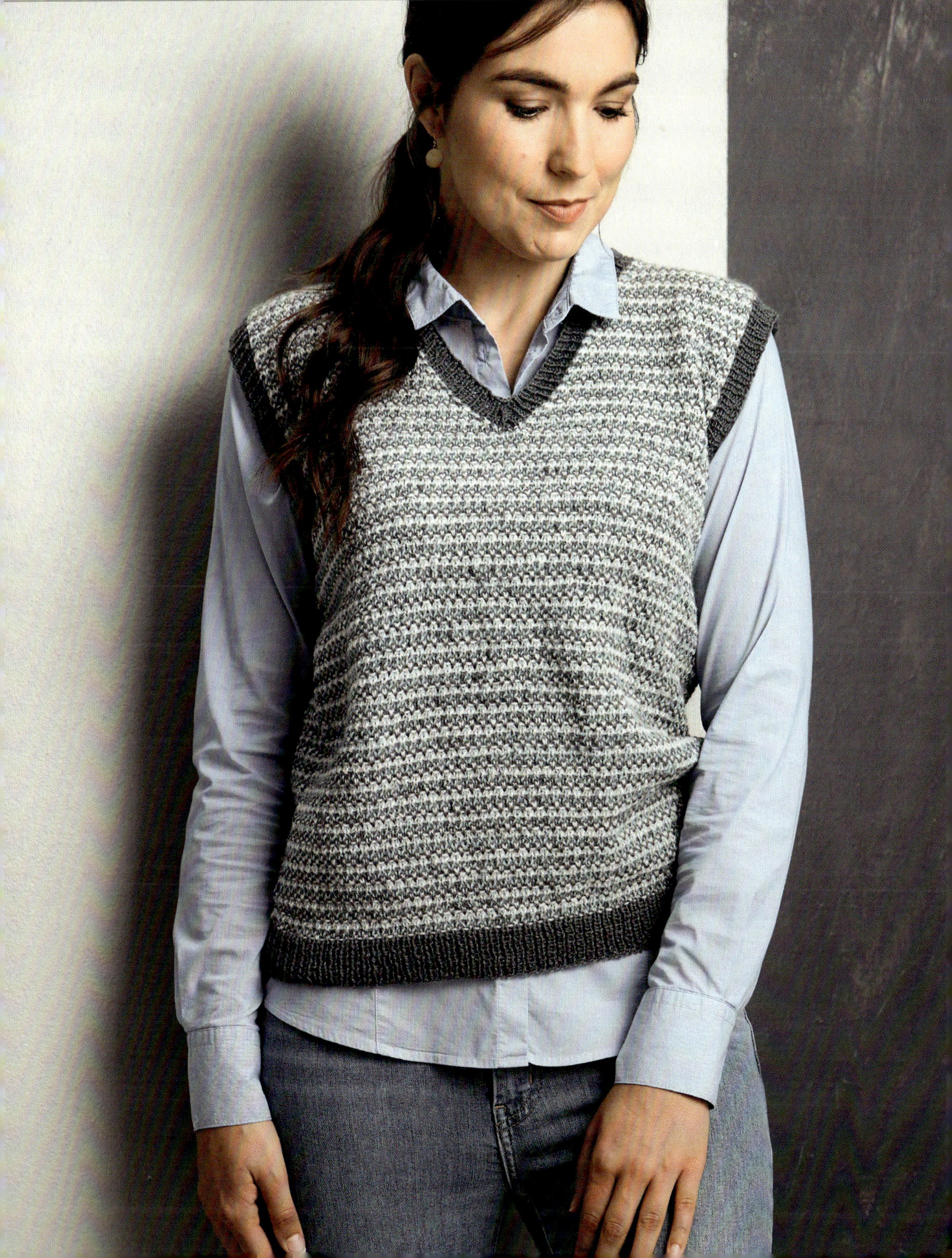

VORDERTEIL

Wie das Rückenteil str, jedoch mit V-Ausschnitt. Dafür bereits nach 2 R Armausschnitthöhe in einer Hinr die mittlere M abk. Die ersten 52/56/60/64 M für das linke Vorderteil auf einer Hilfsnd stilllegen und über die restlichen 52/56/60/64 M zunächst das rechte Vorderteil wie folgt str:

1 Rückr im Hebemaschenmuster str, dabei die Abnahmen für die Armausschnitte weiterführen.

In der nächsten Hinr für die V-Ausschnittschrägung eine Abnahme-R wie folgt str: 1 M rechts, 2 M rechts überzogen zusammenstr, im Hebemaschenmuster weiterstr bis R-Ende. Von hier an werden die ersten 2 M in den Hinr bzw. die letzten 2 M in den Rückr immer glatt rechts gestrickt. Die Abnahme-R noch weitere 6x in jeder 2. R, dann 14x/15x/16x/17x in jeder 4. R wdh.

Nach 19/20/21/22 cm (= 76/80/84/88 R) Armausschnitthöhe die restlichen 26/29/32/35 Schulter-M abk.

Die stillgelegten M des linken Vorderteils wieder auf die Rundstricknd nehmen und beginnend mit einer Rückr gegengleich zum rechten Vorderteil str, dabei die Abnahme-R in den Hinr wie folgt str: Im Hebemaschenmuster str bis 3 M vor R-Ende, dann 2 M rechts zusammenstr, 1 M rechts. Von hier an werden die letzten 2 M in den Hinr bzw. die ersten 2 M in den Rückr immer glatt rechts gestrickt.

FERTIGSTELLEN

Die Teile auf die angegebenen Maße spannen, anfeuchten und trocknen lassen. Schulter- und Seitennähte schließen.

Für die Halsblende beginnend an der linken Schulter mit der längeren Rundstricknd aus dem Halsausschnitt 152/158/164/170 M in Steel auffassen wie folgt: 52/54/56/58 M von der linken Schulter bis 1 M vor der V-Ausschnittspitze, 1 M aus der Spitze, 52/54/56/58 M bis zur rechten Schulter und 47/49/51/53 M aus dem rückwärtigen Halsausschnitt. Zur Rd schließen und im Rippenmuster wie folgt str:

1. Rd: Im Rippenmuster str.

2. Rd: Im Rippenmuster str bis 1 M vor der Spitze, 3 M mit aufliegender Mittel-M zusammenstr, im Rippenmuster str bis Rd-Ende.

3. Rd: Alle M str, wie sie erscheinen

Die 2. und 3. Rd noch 2x wdh, dann alle M abk.

Für die Armblenden aus den Armausschnitten mit der kürzeren Rundstricknd jeweils 108/112/116/120 M in Steel auffassen, zur Rd schließen und 7 Rd Rippenmuster str. Alle M abk.

Alle Fäden vernähen.

Vorderteil

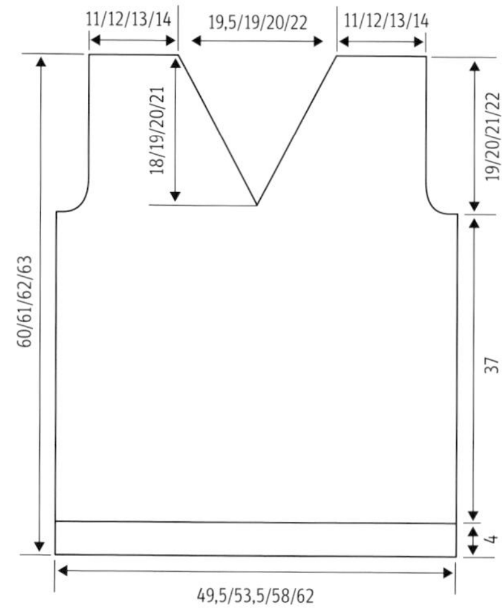

Alle Angaben in cm.

Rückenteil

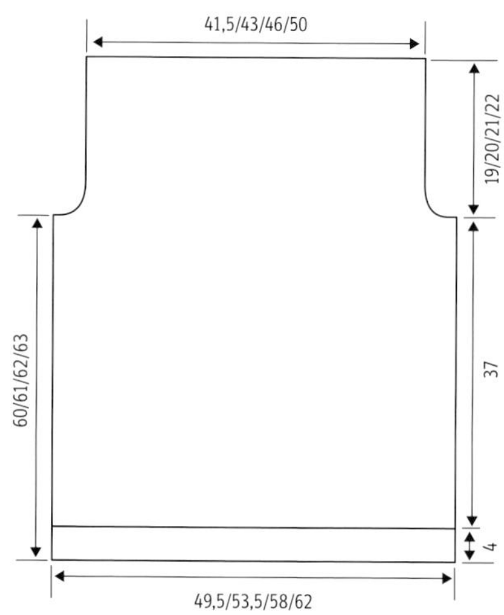

Alle Angaben in cm.

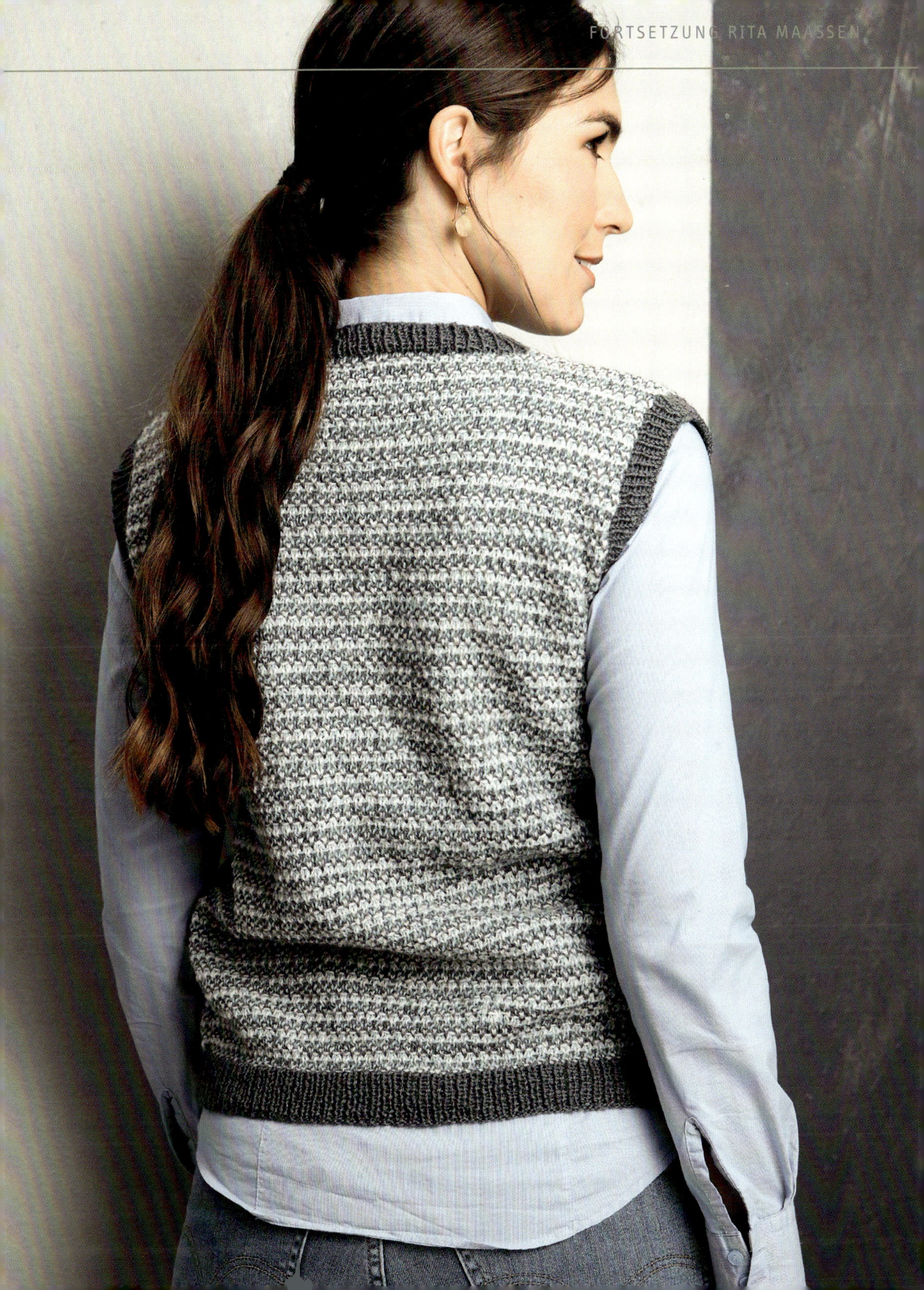

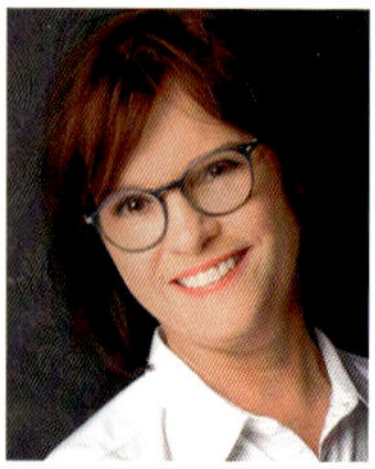

Rita Maaßen

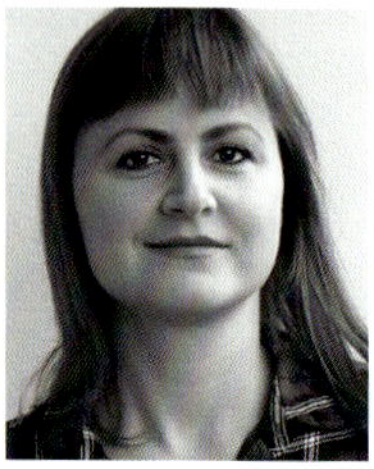

Imke von Nathusius

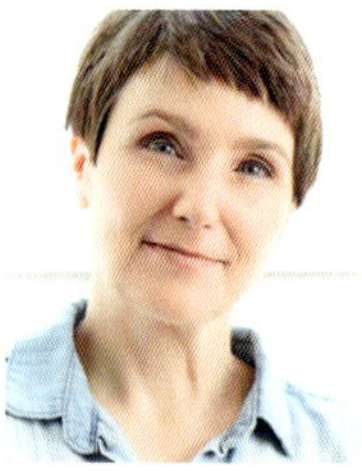

Tanja Steinbach

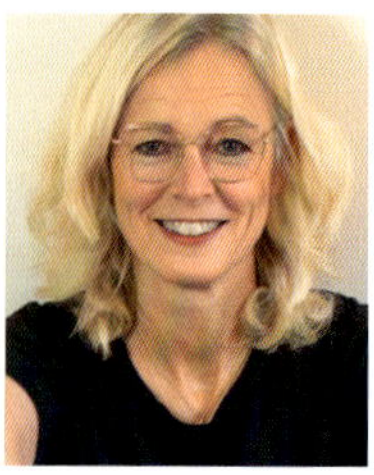

Brigitte Zimmermann

DANKE!

Wir danken folgenden Firmen für die Unterstützung bei diesem Buch:

Kremke Handelsgesellschaft mbH (www.schmeichelgarne.de)

LANA GROSSA GmbH (www.lana-grossa.de)

LANGYARNS (www.langyarns.com)

TOPP – Unsere Servicegarantie

WIR SIND FÜR SIE DA! Bei Fragen zu unserem umfangreichen Programm oder Anregungen freuen wir uns über Ihren Anruf oder Ihre Post. Loben Sie uns, aber scheuen Sie sich auch nicht, Ihre Kritik mitzuteilen – sie hilft uns, ständig besser zu werden.

Bei Fragen zu einzelnen Materialien oder Techniken wenden Sie sich bitte an unseren Kreativservice, Frau Erika Noll.

mail@kreativ-service.info
Telefon 0711/12 37 57 20

Das Produktmanagement erreichen Sie unter:

pm@frechverlag.de
oder:
frechverlag
Produktmanagement
Dieselstraße 5
70839 Gerlingen
Telefon 07 11 / 8 30 86 68

LERNEN SIE UNS BESSER KENNEN! Fragen Sie Ihren Hobbyfach- oder Buchhändler nach unserem kostenlosen Magazin **Meine kreative Welt**. Darin entdecken Sie dreimal im Jahr die neuesten Kreativtrends und interessantesten Buchneuheiten.

Oder besuchen Sie uns im Internet! Unter **www.topp-kreativ.de** können Sie sich über unser umfangreiches Buchprogramm informieren, unsere Autoren kennenlernen sowie aktuelle Highlights und neue Kreativtechniken entdecken, kurz – die ganze Welt der Kreativität.

Kreativ immer up to date sind Sie mit unserem monatlichen **Newsletter**. Für aktuelle Infos, Gratis-Anleitungen und Gewinnspiele gleich anmelden unter **www.TOPP-kreativ.de/Newsletter**

IMPRESSUM

MODELLE: Rita Maaßen (S. 2-4, 20-23, 32-35, 44-47), Imke von Nathusius (S. 10-14, 36-43), Tanja Steinbach (S. 5-9, 24-27), Brigitte Zimmermann (S. 15-19, 28-31)
FOTOS: frechverlag GmbH, 70839 Gerlingen; lichtpunkt, Michael Ruder, Stuttgart
HAARE UND MAKE-UP: Jennifer Krzechki, Stuttgart
PRODUKTMANAGEMENT: Mareike Upheber
LEKTORAT: Regina Sidabras, Berlin
ZEICHNUNGEN: Ursula Schwab, Haselund
COVERGESTALTUNG: Eva Hook
GESTALTUNG: Petra Theilfarth
DRUCK: POLYGRAF PRINT spol. s r.o.

FSC MIX Aus verantwortungsvollen Quellen FSC® C023577

Penguin Random House Verlagsgruppe FSC® N001967

3. Auflage 2023

ISBN 978-3-7724-6859-9 • Best.-Nr. 6859